René Sommer
Der weiße Tiger

René Sommer

Der weiße Tiger

Kinderträume verstehen

Walter Verlag Zürich und Düsseldorf

Die Deutsche Bibliothek – CIP-Einheitsaufnahme

Sommer, René:
Der weiße Tiger : Kinderträume verstehen / René Sommer. –
Zürich ; Düsseldorf : Walter, 1999
ISBN 3-530-40060-2

Satz: Jung Satzcentrum, Lahnau
Druck und Bindung: Clausen & Bosse, Leck
ISBN 3-530-40060-2

Inhalt

Teil I

Einführung

Ein Ohr für Kinderträume

Gelegentlich gönnt sich Frau Bertschinger* nach dem Einkauf etwas Zeit, um im Dorfgasthaus «Sonne» eine Tasse Kaffee zu trinken. Der Zeitpunkt vor halb zehn Uhr ist besonders günstig gewählt, um sich mit Frau Hofer, der Wirtin, zu unterhalten; denn die Vorbereitungen des Mittagessens können noch etwas warten, und andere Gäste sind in der ersten Vormittagshälfte selten anzutreffen. Die Frauen kennen sich seit der Kindheit, sie sind im gleichen Dorf aufgewachsen, haben aber eine unterschiedliche Entwicklung durchgemacht: Die Wirtin hat eine nicht eben günstig verlaufene Trennung hinter sich, während Frau Bertschinger in äußerlich sehr geordneten Verhältnissen lebt. Sie ist im Kirchgemeindevorstand tätig, und ihr Mann arbeitet in leitender Stellung in einem Geschäft von regionaler Bedeutung. Außerdem wirkt das Ehepaar Bertschinger in den wichtigen Vereinen des Dorfs aktiv oder passiv mit, der Mann ist sogar Mitglied des Gemeinderats.

Zufällig streift das Gespräch der beiden Frauen ein Thema, das sie sonst nie beschäftigt, weil sie vom täglichen Leben zu sehr in Anspruch genommen werden. Frau Bertschinger hat nämlich in einer Zeitschrift einen Artikel über Kinderträume gelesen und erkundigt sich beiläufig, ob die Tochter der Wirtin etwa gelegentlich einen Traum erzählen würde. Frau Hofer schüttelt den Kopf und meint, sie wäre schon froh, wenn ihre Tochter Anja nur endlich sagen würde, was mit ihr los sei, und wenn sie wieder richtig essen würde. «Ich bin schon beim Arzt gewesen, und viele Anzeichen deuten darauf hin, daß Anja

* Alle Namen oder besonderen Verhältnisse, die zur Erkennung der Personen führen könnten, wurden geändert.

eventuell noch magersüchtig werden könnte, falls sich der gesunde Appetit nicht von selber wieder einstellt.» Außerdem würde Anja lange nicht einschlafen und sei daher am Morgen kaum aus dem Bett zu bewegen.

Wenn wir das Gespräch, in das wir uns eingeblendet haben, für einen Moment verlassen und über Frau Hofers Auskunft nachdenken wollen, stoßen wir auf einen ersten wichtigen Hinweis, der uns Aufschluß über den merkwürdigen Umstand gibt, daß sehr viele Eltern kaum je erfahren, was Nacht für Nacht im Traumgeschehen der Kinder vorgeht. «Wenn sie nur endlich sagen würde, was mit ihr los ist», klagte Frau Hofer und drückte damit auch einen Wunsch aus, der einige Eltern bewegt. Nicht alle Kinder verhalten sich gleich, aber es ist doch recht häufig zu beobachten, daß Kinder im Vorschulalter in der Regel viele Fragen stellen und spontan erzählen, was sie gesehen und erlebt haben. Das spontane Erzählen kann unter Umständen der Mutter oder dem Vater auch zur Last fallen; denn zuweilen ist man ja auch mit eigenen Verrichtungen oder Gedanken beschäftigt und hat keine Zeit, um sich dem Kind mit gespannter Aufmerksamkeit zuzuwenden.

Bereits beim Eintritt in den Kindergarten erfährt die *Gesprächskultur* in der Familie eine interessante Veränderung, die jedoch so unauffällig vonstatten geht, daß man sie kaum je beachtet. Beobachten wir zunächst, wie sich die Situation für das Kind verändert: Die lockeren Spielgemeinschaften, die es vor dem Eintritt in den Kindergarten pflegte, erhalten nun einen verbindlichen Rahmen, in dem es auf der einen Seite die Regel gibt, daß man nicht jederzeit reden und die Aufmerksamkeit beanspruchen darf, sondern Rücksicht auf die anderen Kinder oder die Situation nehmen muß. Auf der anderen Seite findet das Kind auch regelmäßigen Kontakt zu anderen Kindern, die im gleichen Entwicklungsstadium sind, also in der Art, wie sie die Welt erfahren, sehr viele Gemeinsamkeiten aufweisen. Sobald das Kind die Anfangsschwierigkeiten und die damit verbundene Verunsicherung und Schüchternheit überwunden hat, gewinnt es also Gesprächspartnerinnen und Gesprächspartner, die im Gegensatz zu den Eltern und den Geschwistern zwei Vorzüge aufweisen: Erstens sind sie im gleichen Alter und teilen deshalb unmittelbar die Sorgen und Nöte, aber auch die lustvollen Erfahrungen und kleinen, spannenden Erlebnisse, die das Kind in diesem Entwicklungsstadium beschäftigen. Zweitens sind die Rollen, wenigstens am Anfang, nicht im selben Maß wie in der Familie festgelegt: Man ist nicht mehr einfach als jüngstes Kind oder als ältestes Geschwister, als Tochter oder als Sohn angesprochen, sondern kann, je nach Durchsetzungsvermögen und Laune, bisher verborgene Eigenschaften und Möglichkeiten entdecken und ausprobieren.

Hinzu kommt, daß sich die Kindergärtnerin oder Lehrerin eine *professionelle Aufmerksamkeit* angeeignet hat. Es ist gar nicht möglich, zwanzig Kindern gleich intensiv zuzuhören, wie das beispielsweise eine Mutter im privaten Rahmen der Familie pflegt. Der wesentliche Unterschied zwischen der privaten und der professionellen Aufmerksamkeit besteht darin, daß das Kind im Kindergarten oder in der Schule behutsam dazu aufgefordert wird, sich klar und deutlich auszudrücken, weil die Lehrperson den Schwerpunkt auf die Förderung, nicht auf das unmittelbare Verständnis legt. Natürlich verläßt sie sich auch auf ihre Intuition und Einfühlung, aber sie gibt dem Kind deutlich zu spüren, daß die Sprache ein interessanter Lernbereich ist, in dem man Entdeckungen machen kann. Das Kind entwickelt dabei eine neue Haltung, die wir auch bei uns beobachten können, wenn wir uns vorstellen, wie wir den gleichen Schadenfall einem Ehepartner oder einem Versicherungsvertreter erzählen. Dem privaten Gegenüber erzählen wir das Ereignis ziemlich gefühlsbetont und rechnen mit seinem Verständnis, während wir uns beim Versicherungsvertreter bemühen, den Sachverhalt möglichst objektiv und genau zu schildern.

Beachten wir nun sorgfältig, wie der Eintritt in den Kindergarten oder in die Schule auch die Situation der Eltern verändert. Man kennt das bekannte Sprichwort: «Der Apfel fällt nicht weit vom Stamm.» Mit dem Stamm sind die Eltern, mit dem Apfel das Kind gemeint, und mit dem Sprichwort soll zum Ausdruck kommen, daß das Kind in den Anlagen den Eltern sehr ähnlich ist. Wir haben hier nicht vor, den Wahrheitsgehalt des Sprichworts zu prüfen, uns interessiert vielmehr, was mit dem Baum geschieht, wenn der Apfel gefallen ist. Zunächst bedeutet es für den Baum eine große Entlastung, wenn er vom vollen Gewicht des Apfels befreit ist. Man kann die Veränderung auch weniger bildhaft ausdrücken: Sobald die Kinder in den Kindergarten oder in die Schule gehen, verwandelt sich die Vollzeitbetreuung der Eltern in eine Teilzeitbeschäftigung, das heißt, sie sind nicht mehr rund um die Uhr und allein für die Kinder verantwortlich, sondern es gibt feste Entlastungszeiten und in Teilbereichen auch eine Übergabe der Verantwortung. Ob die Eltern die Veränderung als Gewinn oder als Verlust erfahren, die Entwicklung läßt sich nicht aufhalten oder umkehren und hat eine Art «Abnabelung» zur Folge, die auch auf die Gesprächskultur Einfluß nimmt.

Während die Eltern mit dem Kind vor dem Eintritt in den Kindergarten oder in die Schule eine ziemlich enge Schicksalsgemeinschaft bildeten, gewissermaßen organisch durch den Apfelstiel verbunden waren, gibt es nun im täglichen Leben ganz unterschiedliche Erfahrungsbereiche, übrigens auch einen täglichen Abschied und ein Wiedersehen. Die Kinder sind sozusagen berufstätig geworden und haben Berufskolleginnen und Berufskollegen mit eigenen Interessen, die sich deutlich vom täglichen Leben der Eltern abheben. Wer die hohen Anforderungen kennt, die das moderne Schulsystem an die Kinder stellt, wird den Vergleich mit einem Beruf nicht allzu abwegig finden: Die Kinder müssen über eine sehr große Flexibilität und Konzentrationsfähigkeit verfügen, um die ständig wachsenden und sich verändernden Aufgaben zu meistern, und sie sind außerdem durch einen permanenten Leistungsvergleich sowohl dem Konkurrenzdruck als auch dem Anspruch ausgesetzt, die Leistungsfähigkeit über Stunden immer in der oberen Hälfte zu halten, als würde es keine individuellen oder tageszeitlichen Schwankungen geben.

Wir sind von Frau Hofers Wunsch ausgegangen: «Wenn sie nur sagen würde, was mit ihr los ist», und haben den Zusammenhang zwischen dem spontanen Erzählen und der kindlichen Entwicklung im täglichen Leben beobachtet. Unsere Beobachtungen haben sich auf die Veränderungen konzentriert, die mit dem Eintritt des Kindes in eine erweiterte Gemeinschaft verbunden sind. Wenn beide Elternteile berufstätig sind, oder wenn das Kind nur bei einem Elternteil aufwächst und verschiedene Personen oder Institutionen zur Betreuung herangezogen werden, kann die «Abnabelung» je nachdem früher oder später stattfinden. Uns interessiert hier weniger das Spezielle der Situation als die allgemeine Entwicklung des Kindes, die in der großen Linie aus einer eher intimen in eine erweiterte Gemeinschaft führt, in der das Kind selber auswählen kann, wem und bei welcher Gelegenheit es etwas spontan erzählen möchte. Wir haben das Bild mit dem Apfelbaum gewählt, weil sich die Veränderung damit besonders anschaulich ausdrücken läßt: Solange der Apfel am Baum hängt, ist die Verbindung sehr eng, gewissermaßen organisch, und der Apfel hat gar keinen anderen Gesprächspartner als den Baum, dem er sagen könnte, «was mit ihm los ist». Wenn er aber einmal heruntergefallen ist, bildet sich aus dem Kern ein Keim mit eigenen Würzelchen, also eigenen Verbindungen, aus. Sie sind gewiß zunächst fein und schutzbedürftig, aber doch vollkommen anders als der Stiel, der die ganz frühe, innige Gemeinschaft und Abhängigkeit kennzeichnet.

Wie wir uns erinnern, gewann das spontane Erzählen des Kinds beim Gespräch zwischen Frau Bertschinger und Frau Hofer plötzlich so große Bedeutung, weil sich Frau Bertschinger beiläufig erkundigt hat, ob die Tochter der Wirtin etwa gelegentlich einen Traum erzählen würde. Wie soll man sonst etwas über die Träume der Kinder in Erfahrung bringen, wenn sie nicht spontan, zum Beispiel beim Frühstück, erzählt werden? Natürlich könnte sich ein Zugang auch indirekt erschließen lassen, indem uns ein Kind verrät, daß die Zeichnung, die es gemacht hat, einen Traum darstellt. Aber auch in diesem Fall sind wir darauf angewiesen, daß eine gute Gesprächskultur besteht. Wenn uns das Kind die Zeichnung nämlich kommentarlos übergibt und wir uns einfach darüber freuen, daß es sich sinnvoll beschäftigt und etwas Originelles zustande gebracht hat, können wir die Zeichnung genausowenig verstehen wie die Bilder einer exotischen Kultur, weil uns ganz viele Informationen fehlen.

Wenn uns die Kinder ihre Träume also nicht spontan erzählen, wissen wir über die Ereignisse, die sie während ungefähr eines Drittels ihrer Kindheit, während der acht Stunden Schlaf täglich, bewegen, schlicht nicht Bescheid. Die moderne Forschung hat allerdings herausgefunden, daß die Traumaktivität nicht ununterbrochen andauert, weil die Erholung, die der Schlaf bietet, auch aus traumlosem Tiefschlaf besteht. Soviel ist bestimmt gewiß, daß die Träume heftige Gefühle erregen, und es wäre daher nicht uninteressant zu erfahren, was das Kind in diesem großen, aber unzugänglichen Zeitraum erlebt.

Frau Bertschinger brachte das Gespräch auf die Kinderträume, und wir sind sehr gespannt, ob sie einen Weg gefunden hat, um ihre Kinder zum Erzählen der Träume anzuregen. Doch auch sie muß gestehen, daß ihre beiden Kinder Brigitte und Christian ihr noch nie einen Traum erzählt haben. Plötzlich fällt ihr ein, daß ihr Christian nachts einmal rief, weil ihn ein Alptraum erschreckt hatte. An den genauen Inhalt des Traums kann sie sich nicht mehr erinnern. Sie weiß nur noch, daß Christian mit einer Grippe mit hohem Fieber im Bett gelegen und «sehr komisches Zeug» geträumt hatte. Es war ihr nicht leichtgefallen, den Sohn zu beruhigen; denn er hatte große Angst, die unheimlichen Gestalten, von denen er geträumt hatte, würden wiederkommen. So habe sie denn geraume Zeit an seinem Bett verbracht, ihm die Hand gehalten, die Stirn mit einem Waschtuch gekühlt und ihm immer wieder versichert, das sei nur ein Traum gewesen, und er müsse keine Angst haben.

Auch Frau Bertschingers Erinnerung an den Alptraum ihres Sohns bietet uns interessante Anhaltspunkte, mit denen wir der Beantwortung der Frage, warum sehr viele Eltern nicht wissen, was ihre Kinder träumen, etwas näherkommen: Christians Fähigkeit, den Wachzustand vom Traum zu unterscheiden, war wegen des hohen Fiebers deutlich eingeschränkt. Einerseits war er wach genug, um nach der Mutter zu rufen, andererseits nahmen ihn die Trauminhalte weiterhin so stark in Beschlag, daß er sie für wirklich hielt. Wahrscheinlich war Frau Bertschinger sehr schnell zu ihm geeilt, weil sie wußte, daß er krank war. Wenn wir uns nun fragen, was das spontane Erzählen in dieser außerordentlichen Situation begünstigte, so können wir auf der Seite des Kindes einen krankheitsbedingten *Mangel an Hemmungen,* eine äußerst *starke Vergegenwärtigung des Trauminhalts* sowie eine *große Motivation, sich der Mutter mitzuteilen,* verzeichnen.

Wir halten diese drei Elemente für bedeutsam genug, um sie näher zu untersuchen. Zunächst müssen wir uns daher fragen, ob Christian – und ganz viele andere Kinder, wenn ihr Wachzustand nicht durch das Fieber beeinträchtigt ist – *Hemmungen* hat, die Träume zu erzählen. Wie können diese Hemmungen entstehen, und gibt es eine Möglichkeit, sie eventuell zu verringern, damit das Kind seine Träume erzählt, auch wenn es nicht im Fieber phantasiert?

Um das Entstehen der Hemmungen zu verstehen, müssen wir uns nur ein drei- oder vierjähriges Kind vergegenwärtigen und uns vorstellen, was es in seiner besten Stunde reichlich hemmungslos von sich gibt: Neben originellen Einfällen und Sprachspielen wimmelt es von Sätzen, die sich mit der Logik des Erwachsenen, seinem rationalen Weltbild und vielleicht auch mit seinem Anstandsgefühl sehr schlecht vertragen. Zum Beispiel kann es sagen: «Die Kühe haben schon Mittag.» Üblicherweise fragt man da zurück: «Wie kommst du darauf?»

Wenn das Kind nun antwortet: «Weil sie mit den Glocken läuten», ist die Versuchung des Erwachsenen natürlicherweise sehr groß, zu lachen und den Satz bei der nächsten Gelegenheit als eine Art Witz herumzubieten. Das Lachen ist gewiß nicht böse gemeint, aber das Kind lernt aus dieser Erfahrung, daß man seine originellen Einsichten und Ansichten nicht ernst nimmt. Um sich nicht allzuoft zu entblößen, spricht es in der Folge alle Einfälle, die man möglicherweise auslachen könnte, nicht mehr aus, das heißt, es baut Hemmungen auf und imitiert immer perfekter die Sprache der Erwachsenen.

Wenn wir uns nach dem Erwachen fragen, was wir denn geträumt haben, und es gelingt uns, den ganzen Traum oder ein paar einzelne Teile in Erinnerung zu rufen, so stellen wir unschwer fest, daß im Traum viele Dinge geschehen, die wir im täglichen Leben selten oder gar nie sehen, und auch wir verhalten uns im Traumzustand oft sehr anders als in der Realität. Es ist daher nicht weiter verwunderlich, daß wir in der Regel die Träume rasch vergessen oder für uns behalten, weil wir nicht recht wissen, wem wir sie anvertrauen sollen, ohne Gefahr zu laufen, ausgelacht oder für verrückt gehalten zu werden. Mit anderen Worten: Wir *brauchen sehr viel Energie für die Hemmung oder das Vergessen und entziehen sie dem aktiven Interesse für das Traumgeschehen.* Die Umwandlung der Energie geschieht weitgehend ohne bewußte Anstrengung. Wir müssen uns nicht fest vornehmen, die Träume zu vergessen, im Gegenteil, wir sind überrascht, wenn uns beim Aufstehen einfällt, was wir geträumt haben.

Das Kind bemerkt natürlich auch, daß sich die Erwachsenen nur ausnahmsweise beim Frühstück über Träume unterhalten. «Heute nacht habe ich etwas ganz Komisches geträumt», pflegt man die möglichst kurz gehaltene Erzählung einzuleiten, und es sind sicher nicht die leidenschaftlichsten oder erotischsten Träume, die man vor versammelter Familie erzählt. Die Hemmungen erfüllen dabei eine wichtige Schutzfunktion: Man möchte als anständiger und vernünftig denkender Mensch gelten und nicht gestehen, daß man nachts wilde, vielleicht auch ein bißchen verrückte Erlebnisse gehabt hat. Das Kind möchte von den Eltern Zuwendung bekommen und strengt sich daher an, wenn immer möglich Dinge zu sagen, die das Interesse der Eltern wecken und erwünscht sind. Wenn es wiederholt erlebt, daß seine Traumerzählungen weder verstanden noch akzeptiert werden, entzieht es der Traumerinnerung die Energie und führt sie den Hemmungen und der Selbstkontrolle zu, eine Umwandlung, die wie beim Erwachsenen nicht von einem Tag zum andern und auch nicht vorsätzlich geschieht. Man muß sich unter der Umwandlung ein lebendiges Geschehen, zum Beispiel einen kleinen Wasserlauf in einer Geröllhalde, vorstellen. Das Wasser sucht immer einen Weg ins Tal und wird, wenn eine Verschüttung seinen Lauf hemmt, durch ein weitverzweigtes Netz von unterirdischen Sickerläufen so lange abfließen, bis sich ein neues attraktives Bachbett gebildet hat. Die Energie bleibt zwar immer gleich, aber sie kann vom Interesse für Träume abgeleitet werden, wenn das Vergessen «attraktiver» als die Erinnerung erscheint.

Daß das Kind Hemmungen hat, seine Träume zu erzählen, hat also eine lange Geschichte mit einem nicht genau bestimmbaren Anfang und einem Verlauf, den wir nie vollständig ausleuchten können. Wenn wir zur ursprünglichen Frage zurückkehren, ob es eine Möglichkeit gebe, diese Hemmungen zu verringern, so müssen wir zuerst unsere Beteiligung an der Geschichte verstehen lernen. Es geht weniger darum, sich Vorwürfe zu machen, daß man mit vielen kleinen absichtlichen oder unbedachten erzieherischen Eingriffen das spontane Erzählen des Kindes unterbunden hat. Vielmehr sollten wir uns fragen, was die Vergangenheit über die Zukunft verraten kann. Wenn wir nämlich nicht erkennen, daß wir uns die Träume des Kindes und auch die eigenen Träume während eines langen Zeitraums mehr oder weniger erfolgreich vom Hals geschafft und uns dabei sehr bequem als gut angepaßte, vernünftige Menschen gefühlt haben, die keine wilden oder ein bißchen verrückten Leidenschaften kennen, so werden wir alle kleinen Eingriffe wiederholen, und zwar ohne es zu merken.

Wir sollten uns daher eingestehen, daß sowohl beim Kind als auch bei uns das spontane Erzählen eine Fremdsprache geworden ist, weil wir so viel Energie in die Kontrolle investiert haben. Das gut kontrollierte Sprechen ohne wüste Worte, ohne verrückte Einfälle und mit einer außerordentlich guten Maskierung unserer wilden Leidenschaften ist dabei unmerklich zu unserer «Muttersprache» geworden, mit der wir uns sehr wohl und sicher fühlen, weil wir damit mühelos den Anschein erwecken können, freundliche, tüchtige und vernünftige Menschen zu sein. In unseren Träumen sind wir vielleicht alles andere als freundlich, hilfreich und gut, aber das haben wir im Lauf der Zeit erfolgreich vergessen.

Es wäre aber falsch, den Wert der Hemmungen und der Selbstkontrolle herabzusetzen. Für das tägliche Leben ist es ganz praktisch, daß sich zum Beispiel eine Wirtin freundlich nach unseren Wünschen erkundigt, uns einen Kaffee serviert, und zwar unabhängig davon, ob sie uns sympathisch findet oder nicht. Ohne Selbstkontrolle wäre sie tatsächlich kaum immer lächelnd und dienstbeflissen zur Stelle. Nicht nur im beruflichen, sondern auch im privaten Zusammenleben spielen die Hemmungen eine wichtige Rolle. Um die Bedeutung der Hemmungen zu erkennen, muß man sich nur vorstellen, was geschehen würde, wenn alle Leute beispielsweise beim Autofahren den Gefühlen freien Lauf ließen.

Wir sind jedoch davon ausgegangen, daß die Hemmungen wie jede andere Aktivität viel Energie benötigen. Auch ein gut dressiertes Pferd muß in einer außerordentlichen Situation unsere Durchsetzungskraft ganz stark spüren, damit es sich nicht aufbäumt oder durchgeht. Niemand kann gleichzeitig ein scheues Pferd zügeln und die Schönheit der Landschaft im Abendlicht betrachten, mit anderen Worten, Energie steht nicht unbegrenzt zur Verfügung. Wenn wir uns daran gewöhnt haben, beim Sprechen viel Energie für die Selbstkontrolle zu verwenden, ist das spontane Erzählen gleichzeitig sehr schwach aktiviert, was nicht bedeutet, daß wir außerstande wären, uns an Träume zu erinnern und sie zu erzählen; wir setzen einfach keine oder zu wenig Energie dafür ein.

Dieses Kapitel trägt den anschaulichen Titel «Ein Ohr für Kinderträume», der vielleicht zur Annahme verleitet, daß man nur ein offenes Ohr haben, also den Kindern aufmerksam zuhören müsse, um zu erfahren, was nachts in ihren Träumen vorgeht. Diese Annahme ist nicht grundfalsch, eine große Aufmerksamkeit bringt immer sehr viel in Erfahrung, möglicherweise gelegentlich auch einen Traum. Trotzdem ist nicht auszuschließen, daß wir, selbst wenn wir sehr lange Zeit mit viel mehr Energie als früher dem Kind zugehört haben, keinen einzigen Traum vernehmen werden und enttäuscht sind. Wie kann das passieren? Zur Beantwortung dieser Frage ziehen wir ein Beispiel heran, das auf den ersten Blick etwas komisch wirkt, aber den Sachverhalt, der uns interessiert, ziemlich deutlich veranschaulicht: Nehmen wir an, daß wir uns wünschten, daß das Kind anfängt, italienisch zu reden. Wir hätten dann große Freude, wenn es einmal «Pizza» oder «Spaghetti» sagt, weil beide Wörter aus dem Italienischen stammen. Größere Fortschritte sind aber wohl kaum zu erwarten, wenn in der Umgebung des Kindes nie italienisch gesprochen wird.

Was können wir aus diesem Beispiel lernen? Es genügt nicht, ein offenes Ohr für Kinderträume zu haben, weil sich die Kinder in der Regel an der Gesprächskultur der Umgebung orientieren. Wenn in der Familie selten oder nie Träume erzählt werden, ist die Wahrscheinlichkeit, daß das Kind über seine nächtlichen Erlebnisse berichtet, eher gering zu veranschlagen. Natürlich wird es immer wieder Situationen geben, in denen es die Eltern plötzlich mit einer spontanen Traumerzählung überrascht. Frau Bertschinger hat sich im Gespräch mit Frau Hofer daran erinnert, daß ihr kranker Sohn Christian sie nachts einmal ans Bett rief; er stand damals noch so stark unter dem Einfluß des Alptraums, daß er die beängstigenden Gestalten nicht nur für wirklich hielt, sondern sie auch genau beschreiben konnte. Wie wir daraus ersehen können, sind solche spontanen Traumerzählungen an ein Ereignis, in diesem Fall an eine Krankheit mit hohem Fieber, gebunden und bilden wohl eher die Ausnahme.

Übrigens ist es bemerkenswert, daß Frau Bertschinger den Inhalt von Christians Alptraum vergessen hat. Sie erinnert sich nur noch, daß sie ins Kinderzimmer geeilt war, sowie an Christians Angst und an ihre Bemühungen, den Sohn zu beruhigen. Auch eindrückliche Trauminhalte werden offenbar sehr schnell vergessen und prägen sich dem Gedächtnis nicht so stark ein wie Erfahrungen, die man im Wachzustand erlebt hat. Die *Vergegenwärtigung des Trauminhalts* gelang Christian in dieser außerordentlichen Situation deshalb so gut, weil er der Wirkung des Traumgeschehens noch unmittelbar ausgesetzt war.

Im täglichen Leben kommt es seltener vor, daß man sich lückenlos an das Traumgeschehen erinnern kann, weil man sich meistens von einem Wecker oder von einer Person wecken läßt und sich beim Aufstehen und Ankleiden wenig Zeit gönnt. Man hat einen ganzen Tag vor sich, weiß ungefähr, welche Geschäfte anstehen, und bereitet sich innerlich auf die nächsten Verrichtungen vor. In den Ferien oder am Sonntag dagegen, wenn man ausschlafen kann und es mit dem Aufstehen keine Eile hat, kommt es weitaus häufiger vor, daß man eine deutliche Traumerinnerung hat.

Ohne *Vergegenwärtigung* ist es natürlich nicht möglich, das äußerst eindrückliche Traumgeschehen in Worte zu kleiden und somit mitzuteilen. Was bedeutet die Vergegenwärtigung eigentlich? Da wir ein unmittelbares, anschauliches Verständnis davon gewinnen möchten, werfen wir zunächst einen Blick auf die Vorgänge, die bei einem Kinobesuch den Ablauf der Ereignisse bestimmen, und vergleichen sie danach mit dem Traumerleben: Dem Kinobesuch geht oft eine Erwartung oder eine Empfehlung voraus, weil uns die Werbung oder jemand aus dem Bekanntenkreis auf den Film aufmerksam gemacht hat. Aus vielen möglichen Angeboten, die wir uns anschauen könnten, haben wir eine Wahl getroffen und uns für einen bestimmten Film entschieden, der unsere Neugier erregt hat. Bevor die Vorführung beginnt, machen wir es uns auf einem Sessel möglichst bequem und betrachten eine Vorschau oder verschiedene Werbefilme, die wir zwar nicht gewählt haben, die uns aber doch mit der Größe der Leinwand und der Wucht der Farben im verdunkelten Raum vertraut machen. Der Vorspann des Films verrät uns den Titel und die Namen der Leute, die bei der Produktion mitgewirkt haben. Auch wenn die nun folgende Filmhandlung unsere Aufmerksamkeit stark in Beschlag nimmt und uns vielleicht für Momente vergessen läßt, daß wir im Kino sitzen, verharren wir im Wachzustand, das heißt, wir können uns jederzeit sagen: «Das geschieht nicht wirklich, das ist nur ein Film.» Wir registrieren das Geschehen auf der Leinwand mit wachen Augen, wir könnten uns jederzeit die Ohren zuhalten und die Augenlider senken, wenn uns eine Filmsequenz zu grausam, zu peinlich oder zu langweilig vorkommt. In jedem Moment fällt es in unseren Entscheidungsbereich, ob wir das Geschehen mitverfolgen möchten oder nicht. Nach dem Verlassen des Kinosaals haben wir eine deutliche Erinnerung, wir können uns also den Ablauf der Filmereignisse *vergegenwärtigen,* den Film noch einmal mit inneren Augen sehen, und daher sowohl die Handlung als auch die Gefühle, die uns bewegt haben, sprachlich zum Ausdruck bringen und jemandem erzählen.

Betreten wir im Traumzustand nicht einfach eine Art Kino und sehen uns einen «inneren Film» an? Man hat ja vielfach auf die Verwandtschaft von Film und Traum hingewiesen, die Ateliers in Hollywood werden sogar «Traumfabriken» genannt. Bevor wir die Frage unbedacht bejahen oder verneinen, achten wir auf die Besonderheiten, die den Traumzustand kennzeichnen: Wenn wir uns zum Schlafen hinlegen, registrieren wir zuerst mit wachem Bewußtsein, daß wir im Bett sind. Wir hören Geräusche und verändern die Lage des Körpers so lange, bis wir uns wohl fühlen. Gleichzeitig können wir eine Zerstreuung der Aufmerksamkeit feststellen. Erinnerungen, Gedanken, Pläne oder Sorgen beschäftigen uns, aber wir begegnen ihnen nicht mit der zielgerichteten und starken Achtsamkeit, die uns im Wachzustand eine *aktive Lebensbewältigung* möglich macht, sondern greifen eine Vorstellung nur kurz auf, lassen sie ohne lange Bearbeitung entgleiten und machen die sonderbare Entdeckung, daß jede Vorstellung an ein weitverzweigtes Netz von sehr bildhaften und gefühlsbetonten Einfällen gebunden ist, die unsere Aufmerksamkeit weiter so sehr zerstreuen, daß dem Wachzustand unmerklich alle Energie entzogen wird, während die organischen Vorgänge, die den Schlaf herbeiführen und steuern, stark aktiviert werden.

Es gibt immer wieder Menschen, die im Traumzustand bewußt registriert haben wollen, daß sie träumen, ja sogar behaupten, daß sie Einfluß auf das Geschehen nehmen können. Wir haben keine Möglichkeit, diese Aussagen zu überprüfen, und fragen uns auch, ob es wünschbar sei, daß sich der Mensch bis in die Träume hinein selber kontrolliert und alles seinem Willen zu unterstellen versucht. In der Regel bildet der Traumzustand jedoch ein *autonomes Geschehen,* das uns in sehr ungewöhnliche Situationen führt. Im Gegensatz zum Kino können wir aber nicht bequem zurücklehnen und zuschauen, was sich ereignet, sondern sind meistens in das verwirrende Traumgeschehen verwickelt. Am meisten wird uns gewiß nach dem Erwachen die überraschende Entdeckung betroffen machen, daß wir uns im Traumzustand eine *veränderte Persönlichkeit* angeeignet haben. Wir können im Traum jünger oder älter erscheinen, und selbst dann, wenn die Veränderung in der äußerlichen Erscheinung nicht sonderlich auffällt, lassen wir uns zu außergewöhnlichen Taten hinreißen, die wir uns im täglichen Leben nie erlauben würden.

Es ist daher außerordentlich schwierig, bei der Vergegenwärtigung eines Trauminhalts die wünschenswerte Deutlichkeit zu erreichen. Während wir uns nach dem Kinobesuch ein klares

Bild vom Film machen können, weil wir ihn im Wachzustand und mit relativ unveränderter Persönlichkeit angeschaut haben, ist die Traumerinnerung nach dem Erwachen zunächst ziemlich verworren; denn wir sind unversehens aus dem Traumzustand herausgefallen, in dem eine andere Ordnung als im täglichen Leben gilt, und unsere Wahrnehmung und unsere Reaktionen im Traum sind nur ganz selten mit den übrigen Gedächtnisinhalten, die wir jeweils im Wachzustand aufgenommen haben, in Übereinstimmung zu bringen. Unser erstes Anliegen nach dem Erwachen ist deshalb nicht, Ordnung in die seltsamen Erlebnisse zu bringen, eventuell eine Art Geschichte zu rekonstruieren, sondern erleichtert festzustellen: «Das alles habe ich nur geträumt.» Wir vergegenwärtigen uns dann nicht mehr den Traum, aus dem wir erwacht sind, sondern nur die aktuelle Situation: «Ich liege im Bett, und es ist sechs Uhr.» Damit entziehen wir definitiv dem Traumzustand alle Energie und aktivieren den Wachzustand, der ganz klare Vorstellungen von der Zeit und vom Ort, an dem wir uns befinden, entwickelt. Die Traumbilder verschwinden dann wie eine optische Täuschung, der man nur solange erliegt, als man einen Baum in der Ferne, zum Beispiel, tatsächlich für eine Frau mit einem Regenschirm hält. Der stark aktivierte Wachzustand läßt die Traumbilder verblassen und weckt unser Interesse für das reale tägliche Leben.

Am Beispiel von Christians Erwachen aus dem Fieberschlaf konnten wir deutlich sehen, daß der Traum- und der Wachzustand nicht immer gleich scharf getrennt sind. Wenn wir Kinder, die nicht vollständig wach sind, antreffen, müssen wir sie besonders behutsam ansprechen, bis zum Weiterschlafen oder in den Wachzustand begleiten, damit aus der Verwirrung nicht noch eine zusätzliche Angst erwächst. Anhand dieses Beispiels lernten wir auch verstehen, daß Hemmungen und der Wechsel des Bewußtseinszustands das Erzählen eines Traums erschweren können. Wenn die Eltern selber ein entspanntes Verhältnis zu den eigenen Träumen entwickeln und durchblicken lassen, daß auch in ihren nächtlichen Erlebnissen seltsame Dinge geschehen, erhöht sich die Chance beträchtlich, daß die Kinder gelegentlich und spontan einen Traum erzählen.

Einer wichtigen Voraussetzung, daß die Kinder wirklich über ihre Träume sprechen, haben wir bis jetzt noch nicht die erforderliche Beachtung geschenkt: Christian hatte in jener Fiebernacht eine *große Motivation, sich mitzuteilen,* weil er hoffte, daß ihm die Mutter im Kampf gegen die bedrängenden Gestalten beistehen würde. Über die Motivation wird viel nachgedacht, seit man weiß, daß die Kinder bessere Leistungen erbringen, wenn sie sich in einem angeregten Zustand befinden. Die Kinder gehen also mit einer höheren Einsatzbereitschaft und Ausdauer an eine Aufgabe heran, wenn sie einen *Beweggrund* haben. Die Wörter «angeregt» und «Beweggrund» weisen darauf hin, daß offenbar Energie im Spiel sein muß; denn ohne Energie regt und bewegt sich nichts.

Bei der Besprechung der Hemmungen haben wir nicht verschwiegen, daß die Hemmungen sehr viel Energie kosten. Diese Energie kommt nicht aus dem Nichts hinzu, sondern wird dem spontanen Erzählen entzogen. Wenn man daher die Kinder zum spontanen Erzählen ihrer Träume anregen möchte, muß man ein feines Ohr für die *Gesprächskultur* in der Familie haben, also den originellen Einfällen, Ansichten, Geschichten und Fragen der Kinder viel Raum geben. Auf diese Weise kann die Energie, die der Aufbau und die Wirksamkeit der Hemmungen sonst verbrauchen, für das spontane Erzählen zurückgewonnen werden.

Wie wir sehen, hat die Antwort auf die Frage, wie man Kinder dazu bewegen könnte, ihre Träume zu erzählen, eine Reihe ganz konkreter Folgen für das tägliche Leben: Man hört am Frühstückstisch vielleicht nicht mehr dem Radio, sondern seinen Kindern zu, man wird zurückhaltend mit vorschnellen Äußerungen wie «Das gibt es doch nicht» oder «Erzähle mir nur keine Märchen». Statt dessen freut man sich über die Vielfalt der Ereignisse, die das Kind spannend und erzählenswert findet, hört aufmerksam zu und zeigt ihm auf verschiedene Weise, daß man seine Mitteilungen schätzt, nicht zuletzt dadurch, daß man sich auf Augenhöhe des Kindes begibt, sich zu ihm setzt und sich Zeit nimmt.

Das Zuhören wird jedoch früher oder später weitere Fragen aufwerfen: Wieso muß man überhaupt über die Kinderträume Bescheid wissen? Es gibt doch wichtigere Dinge im Leben als die Träume. Wie man auch immer darüber denken mag, um eine Frage sind die Menschen aller Kulturen und Zeiten nie herumgekommen: Was bedeuten die Träume? Kann man ihre rätselhafte Bildersprache je verstehen, und falls das möglich ist, wie muß man dabei vorgehen? Gibt es eine Art Schlüssel, womit man den Code, das befremdliche Zeichensystem, wie eine altägyptische Bilderschrift entziffern kann? All diesen Fragen werden wir in den folgenden Kapiteln nachgehen, wobei wir bestrebt sind, unsere Ausführungen am Beispiel einer Traumserie anschaulich zu machen. Bewußt habe ich jeweils in der Traumerklärung einen Schwerpunkt gesetzt, um die Eltern möglichst unkompliziert in das Verstehen von grundlegenden Aussagen im Traum einzuführen.

Was bedeutet dieser Traum?

Im vorherigen Kapitel blendeten wir uns in ein Gespräch zwischen Frau Bertschinger und Frau Hofer ein und vernahmen, daß Frau Bertschingers Sohn Christian in einer Fiebernacht Angst vor den unheimlichen Gestalten eines Alptraums bekam. Er hatte sich eine Grippe zugezogen, und sein Zustand besserte sich glücklicherweise nach wenigen Tagen. Frau Bertschinger mag bei sich gedacht haben, daß man im Fieber eben immer etwas heftiger als sonst träumt, der Körper ist überhitzt, weshalb soll man da nicht auch eine etwas überhitzte Phantasie haben? Tatsächlich verschwanden die Alpträume mit der Grippe, und Christian erzählte nichts mehr von seinen Träumen. Daher hatte Frau Bertschinger nicht weiter auf den Trauminhalt geachtet und sich auch nicht gefragt, was dieser Traum möglicherweise bedeuten könnte.

Nun gibt es aber ganz viele Situationen, in denen das Interesse am Traum und an seiner Bedeutung nicht so schnell erlischt. Der Anlaß muß nicht unbedingt eine Krankheit sein. Man kann ja auch sehr verunsichert sein, wenn das Kind am Morgen einen Traum erzählt, der so merkwürdige Bilder und Motive aufweist, daß man sie mit keiner bekannten Vorstellung in Verbindung bringen kann. Wenn das Kind gar von einer Krankheit, die einen verhängnisvollen Verlauf nimmt, oder vom Tod eines Familienmitglieds träumt, wäre man doch beruhigt, wenn man wüßte, was solche schlimme Träume bedeuten. Außerdem kommt es nicht selten vor, daß die Kinder dann ganz besonders heftig träumen, wenn es mit ihrer Gesundheit nicht zum besten steht, wie auch das Beispiel von Christian zeigt. Deuten diese Träume darauf hin, daß vielleicht der Körper Anteil am Traumgeschehen hat?

Von den unheimlichen und beängstigenden Träumen einmal abgesehen, weckt jedes Zeichen, jede Mitteilung, die wir nicht ganz verstehen, zu gleichen Teilen unsere Neugier und Unruhe. Die Entwicklung reicht vom frühkindlichen Erkundungsverhalten bis ins Erwachsenenalter hinein. In jedem Alter eignet man sich einen *Wissenshorizont* an, der die Dinge, die man bereits kennt, scharf von den Fremdkörpern trennt, denen man noch nie begegnet ist. Wenn man zum Beispiel in einen anderen Sprachraum reist und sich dort eine gewisse Zeit aufhält, kann man am Anfang kaum verstehen, worüber sich die Menschen unterhalten. Man ist jedoch fest davon überzeugt, daß die fremden Wörter und Sätze, die man vernimmt, eine Bedeutung haben; denn es ist unübersehbar, daß sich die Menschen mit dieser Fremdsprache ausgezeichnet verständigen können. Allmählich macht man sich mit dieser Sprache vertraut, der *Sprachhorizont* erweitert sich, und nun entdeckt man, daß man sehr genau zwischen Wörtern, die man versteht, und Wörtern, deren Bedeutung man erfragen oder in einem Wörterbuch nachschlagen muß, unterscheidet. Bevor wir das Beispiel mit der Fremdsprache verlassen, möchten wir noch auf einen wichtigen Sachverhalt hinweisen: Unser Interesse an der Fremdsprache wächst, wenn die Lernbemühungen kleine Fortschritte erkennen lassen, wenn die Übersetzungsversuche zunehmend erfolgreich gelingen.

Die Frage «Was bedeutet dieser Traum?» ist daher schon oft gestellt worden, weil man mit der fremdartigen Sprache der Träume nicht vertraut ist, und weil man sich nur schwer vorstellen kann, daß die Vorgänge, die Nacht für Nacht im Traumzustand heftige Gefühle erregen, sinnlos sein sollten. Neben Träumen, die einen Zusammenhang mit dem täglichen Leben aufweisen, begegnen wir oft genug Bildern oder Motiven, die wir nicht einordnen können. Im Gegensatz zu einer Fremdsprache, bei der wir uns jederzeit vergewissern können, ob wir den Sinn eines Wortes richtig erahnt oder verstanden haben, tappen wir beim Versuch, Träume zu verstehen, zunächst im dunkeln. Das schöne Erfolgserlebnis, das sich beim Lernen einer anderen Sprache immer wieder einstellt, wird uns nicht so leicht geschenkt. Im Gegenteil, wenn uns ein Kind fragt, was der Traum, den es gerade erzählt hat, wohl bedeuten könnte, geraten wir in arge Verlegenheit.

Auch wenn das Kind diese Frage nach der Bedeutung nicht stellt, sondern sich mit der Erleichterung begnügt, die bereits das Erzählen verschaffen kann, wird es wohl kaum ausbleiben, daß uns die sonderbaren Bilder und Handlungen anhaltend beschäftigen. Um die Fremdartigkeit der Traumsprache zu illustrieren, flechten wir an dieser Stelle einen Traumtext ein, den die zwölfjährige Anja, die Tochter von Frau Hofer, aufgeschrieben hat. Wie sie dazu kam, ihre Träume zu notieren, werden wir später eingehend darstellen. Im Moment möchten wir nur das Traumgeschehen, das man gewiß nicht mühelos mit dem täglichen Leben in Verbindung bringen kann, auf uns wirken lassen:

Kampf (113. Traum, 12 Jahre 2 Monate)

Ich fahre auf einem Floß. Ich rudere nur mit einem Besen, komme aber rasch voran. Da sind viele Menschen um den See. Ein Mann fragt, ob er mein Floß haben kann. Ich sage ja, und er kann es haben. Ich und die Menschen sind auf einmal Insektenkrieger mit Hellebarden. Ich gehöre zu denen, die ins Schloß hinein müssen. Man muß etwas herausholen. Es sind vielleicht acht Leute. Sie sind besonders grausam; denn das muß man in diesem Kampf sein. Die Wächter wollen sie hinausdrängen. Ich und die Insektenkrieger verwunden und töten sie. Ich lasse eine schwere Steinplatte von einer Treppe fallen. Aber ich will nur eine Wache treffen. Claudia tut es mir nach. Da ist die Treppe überfüllt. Sie trifft einen, der nichts dafür kann. Der Kampf geht in einer Höhle weiter. Eine schwanzlose Eidechse kommt hinein. In ihr sind eine Smaragdeidechse und ein Vogel mit gesprenkelten Federn und einem langen Rundschnabel. Plötzlich helfe ich der verwundeten Rosmarie. Sie soll ins Auto steigen. Das passiert auf dem Dorfplatz. Alle sind in Menschen zurückverwandelt.

Wer je einer Wespe, die über eine Schwebefliege herfällt, oder Ameisen, die einander bekämpfen, zugeschaut hat, ist mit der unerbittlichen Grausamkeit von «Insektenkriegern» vertraut. Es fällt uns außerordentlich schwer zu denken, daß ein Kind im Traumzustand Anteil an dieser Grausamkeit haben soll und sie sogar in der Traumerzählung mit den Worten bekräftigt: «Sie sind besonders grausam; denn das muß man in diesem Kampf sein.» Man kann sich kaum vom Vorurteil lösen, daß die kindliche Seele harmlos, mitleidvoll und, im Grund genommen, gut sein soll. Träume wie der eben vorgelegte sind daher außerordentlich erklärungsbedürftig; man möchte gern wissen, was im Kind vorgeht, wenn es solche Sachen träumt. Das Bild vom «guten» Kind ist in den Grundfesten erschüttert, und die Eltern könnten sich durchaus fragen, ob sie in der Erziehung irgend etwas falsch gemacht haben.

Mit Selbstvorwürfen oder Entrüstung ist den Eltern jedoch kaum geholfen; denn die Träume sind gewissermaßen ein Naturprodukt. Genausowenig, wie uns eine Brennessel fragt, ob sie in unserem Garten wachsen darf, ob sie uns gelegen kommt oder unerwünscht ist, bilden die Träume ein *autonomes Geschehen,* das sich nicht um unsere Idealvorstellungen oder um die Ordnung, auf die wir im täglichen Leben achten, kümmert. Man könnte sogar sagen, daß hinter den Träumen ein eigenes System steckt, das mit unserer räumlichen und zeitlichen Orientierung nicht übereinstimmt. Deshalb ist es uns auch nicht sehr vertraut und bringt das Gedächtnis durcheinander, das alle im Wachzustand gemachten Erfahrungen mit einem bestimmten Ort und mit einer relativ genau datierten Zeit verknüpft.

Bei der Begegnung mit einer anderen Sprache überwiegt zunächst das Staunen über das Fremdartige des Systems. Erst im

Lauf der Zeit wird man hellhörig für bestimmte Wörter oder Wendungen, die auffällig häufig wiederholt werden, und findet einen Zugang zu ihrer Bedeutung. In diesem Zusammenhang ist es nicht uninteressant, auf den ganz ursprünglichen Wortsinn von «bedeuten» oder «deuten» zu achten. Man kann sich ja in einem fremdsprachigen Gebiet sehr einfach vergewissern, ob man die Bedeutung eines Wortes erraten hat. Man versucht, das Wort ungefähr richtig nachzusprechen, *deutet* beispielsweise mit dem Finger auf ein Brot, und wenn die Verkäuferin nickt und somit bestätigt, daß unsere *Deutung* stimmt, ist man auf ganz elementare Weise, ohne Wörterbuch, in das fremdartige Lautsystem einer anderen Sprache eingedrungen und hat einen Sinn gefunden.

Gegen unseren Vergleich des Traumgeschehens mit einer Fremdsprache mag man einwenden, daß man ja gar nicht in der Lage ist, die Bedeutung eines Traums zu überprüfen. Dagegen könnte eine Reihe von Beispielen sprechen, welche die Bedeutung der Träume fast ins Unermeßliche erhöhen: Nehmen wir an, ein Kind würde vor dem ersten Schultag träumen, daß es beim Betreten des Schulhauses stürzt und sich am Arm verletzt. Beim Frühstück erzählt es den Traum, wird jedoch von der Mutter mit den Worten beschwichtigt: «Das hast du nur geträumt. Ich komme mit dir, es kann dir nichts passieren.» Wenn das Kind nun wirklich über die Schwelle des Schulhauses stolpert und sich unglücklicherweise eine Verletzung am Arm zuzieht, würde die Mutter dann doch staunen und denken, daß es mit der Bedeutung der Träume doch eine starke Bewandtnis habe.

Der gleiche Traum würde die Bedeutung für sie aber vollkommen einbüßen, wenn das Kind den ersten Schulbesuch und alle folgenden Unterrichtstage ganz unfallfrei übersteht. «Siehst du», würde die Mutter nun sagen, «der Traum hatte nichts zu bedeuten. Jetzt gehst du schon eine Woche lang zur Schule, und es ist dir gar nichts Übles zugestoßen.» Eine Armverletzung ist gewiß nicht so spektakulär wie eine Katastrophe, die viele Menschen betrifft. In der Zeitung liest man ab und zu glaubwürdige Berichte von Menschen, die ein Unglück im Traum «vorausgesehen» haben. Die Themen reichen vom Flugzeugabsturz bis zu Erdbeben. Wenn die Katastrophe tatsächlich eintrifft, erfährt die beglaubigte Traumerzählung einen ungeheuren Bedeutungszuwachs. Hingegen wird man nur selten in der Zeitung auf eine Traumerzählung stoßen, in der ein Flugzeugabsturz vorkommt, der sich später in der Realität nie ereignet hat. Solche Sturzträume kommen nämlich häufig vor und erregen ein ungutes Gefühl, wenn man am kommenden Tag einen Flug gebucht hat. Sobald man jedoch den Flug sicher überstanden hat, vergißt man den Traum sehr schnell, mißt ihm keine besondere Bedeutung bei oder schreibt ihn der Flugangst zu.

Die Beispiele veranschaulichen besonders deutlich, daß Traumerzählungen, die ein reales Ereignis vorwegnehmen, etwas anderes in Bewegung bringen als Träume, die nicht «in Erfüllung gehen», wie man sagt. Immer dann, wenn der Traum einen erkennbaren Zusammenhang mit dem täglichen Leben aufweist, also «sich erfüllt», oder eine blitzartige Einsicht zutage fördert, ist man von seiner *Bedeutung* überzeugt, weil man annimmt, der Traum habe auf die Zukunft oder auf einen Sachverhalt *hinweisen* wollen. Wenn aber der Traum nur einen Eindruck von verwirrenden Bildern hinterläßt, ist man nach dem Erwachen froh, daß man die Einbindung in das leidenschaftliche oder bedrückende Geschehen aufgelöst hat, sich im Bett wiederfindet und in die geordneten Verhältnisse des täglichen Lebens zurückkehren darf. Und so ist es nicht weiter verwunderlich, daß die Antwort auf die Frage: «Was bedeutet dieser Traum?» entweder gar nicht gesucht wird, oder schlicht lautet: «Nichts».

Nach diesen Betrachtungen könnten wir versucht sein, das Traumgeschehen mit der reinsten Lotterie zu vergleichen, die selten einen Treffer, aber häufig ganz viele bedeutungslose Nieten einbringt. Oder anders gesagt: Es ist reiner Zufall, wenn die Träume im täglichen Leben Bedeutung erlangen. Von daher könnte man sich fragen: Lohnt sich die Mühe überhaupt, sich mit Kinderträumen auseinanderzusetzen? Wir haben ja im ersten Kapitel eingehend dargelegt, daß die Kinder, wenn sie das Schulalter erreicht haben, nur ausnahmsweise Träume erzählen. Es ist also alles andere als selbstverständlich oder einfach, etwas über ihre nächtlichen Erlebnisse zu erfahren.

Bevor wir einen Weg aufzeigen, der es uns ermöglicht, die Bedeutung auch scheinbar sinnloser Träume zu verstehen, gehen wir den seltsamen Vorgängen nach, die schon ein flüchtiger Blick auf das Kind beim Erwachen zutage fördert. Natürlich gibt es auch Kinder, die meistens vor den Eltern wach sind, und die man deshalb selten wecken muß, aber man findet doch immer wieder eine Gelegenheit, das erwachende Kind zu beobachten. In unserer Darstellung hatten wir bis jetzt die Aufmerksamkeit auf eher beängstigende oder unheimliche Träume gelenkt. Aber es ist durchaus möglich, daß sich das Kind vor dem Erwachen in einem sehr angenehmen Traumzustand befindet, in den es immer wieder zurückkehren möchte. Es liegt dann sehr entspannt im Bett, und auch die Gesichtszüge weisen alle Anzeichen der Entspannung auf.

In einem ganz anderen Zustand befand sich Christian in der erwähnten Fiebernacht, er wurde von einem Alptraum geplagt und rief nach der Mutter. Das Erwachen ist deshalb für uns besonders interessant, weil wir meinen, daß man einen Zustand anschaulicher beschreiben und besser verstehen kann, wenn man beobachtet, wie er sich verändert, das heißt, wie er in einen anderen Zustand übergeht. Christians Alptraum spielt in einer Welt, die nach Unordnung strebt und ihn aufs äußerste beunruhigt. Die Hand der Mutter zu spüren, ihre Stimme zu vernehmen, erlebt er dagegen als Insel der Ordnung. Mit der Aktivierung des Wachzustands stellt sich daher eine gewisse Beruhigung ein.

Machen wir nun in Gedanken einen Sprung zu einem ganz anderen Kind, das etwas äußerst Angenehmes träumt: Es sitzt im Traum auf einem Fahrrad ohne Pedale und fährt sehr schnell über einen weichen, langen Hügelzug. Den Weg säumen Blumenwiesen und Bäume mit weiten Kronen. Aufwärts und abwärts bewegt sich das Fahrrad von selber, auch das Steuern gelingt ohne Mühe. In diesem besonders angenehmen Traumzustand befindet sich das Kind auf einer Insel der Ordnung: Es gibt keine gefährlichen Autos, sowohl die Sturzgefahr als auch die Ermüdung oder die Rivalität mit anderen Kindern fehlen vollständig. Für dieses Kind bedeutet das Erwachen den umgekehrten Vorgang. Es muß sich im Wachzustand in einer Welt zurechtfinden, die in vielen Bereichen seines persönlichen Erlebens nach Unordnung strebt: In der Küche meldet das Radio verwirrende Nachrichten von kriegerischen Auseinandersetzungen, Katastrophen und Unglücksfällen, um das Haus lassen sich die Geräusche des Morgenverkehrs vernehmen, möglicherweise fängt ein Mitschüler auf dem Schulweg einen Streit an oder der Abwart macht das Kind auf dem Schulhof für eine Bananenschale verantwortlich, die es gar nicht weggeworfen hat.

In den beiden Beispielen, die wir gerade geschildert haben, findet ein Übergang vom Traumzustand in den Wachzustand statt. Im ersten Fall, bei Christian, schützt der Wachzustand den fiebernden Knaben vor den bedrohlichen Gestalten des Alptraums, im zweiten Fall schirmt der angenehme Traumzustand das Kind von der Umgebung ab. Einmal scheint eine innere Stimme zu befehlen: Werde sofort wach! Das andere Mal hingegen könnte der Befehl lauten: Unbedingt weiterschlafen, ja nicht aufwachen! Wenn wir uns nun fragen, was beiden Fällen gemeinsam ist, so machen wir die Entdeckung, daß die Vorgänge nicht vom Willen oder von der Absicht des Kindes gesteuert werden, sondern *autonom geschehen*.

Wie wir gleich sehen werden, hat das Verlassen des Traumzustands einen deutlich erkennbaren Sinn: Christians Alptraum löst Angst aus, weil er die Welt der unheimlichen Gestalten unmöglich ordnen kann. Die Angst blockiert seine Energie, und er kann nicht mehr frei darüber verfügen. Der Wechsel in den Wachzustand kann die Unordnung aus dem Geschehen ausführen, und, da ja die Angst weicht, wird gleichzeitig die freie Energie in das Geschehen eingeführt. Die Ausfuhr der Unordnung bei gleichzeitiger Einfuhr von freier Energie können wir auch beim Kind beobachten, das im angenehmen Traumzustand verharrt: Der Lärm des zunehmenden Morgenverkehrs könnte das Kind erschrecken, wenn die Geräusche ins Bewußtsein dringen würden. Der angenehme Traum bildet jedoch eine schützende Insel der Ordnung, und das Kind erlebt ungestört das Strömen der freien Energie, die im antriebslos fahrenden Velo deutlich zum Ausdruck kommt.

Fassen wir die wichtigsten Feststellungen zusammen. Wir haben gesehen, daß der Wechsel vom Wachzustand in den Traumzustand sowie das Verharren im Traumzustand ohne Zutun, ohne persönliche Anstrengung erfolgen. Insofern könnte man dieses *autonome Geschehen* mit der Atmung oder mit dem Schlagen des Herzens vergleichen, die auch selbständig in Betrieb sind. Außerdem konnten wir uns nicht vor der Erkenntnis verschließen, daß das Geschehen offenbar ein gesteuerter, also organisierter Ablauf ist. Einen Vorgang, der sich selber organisiert, nennen wir *Selbstorganisation.*

Wahrscheinlich kommen wir der Antwort auf die Frage, was Träume wohl bedeuten können, einen entscheidenden Schritt näher, wenn wir den strengen Realitätssinn, den wir im täglichen Leben dringend brauchen, nicht auf das Traumgeschehen anwenden. Der Realitätssinn fragt ja unausgesetzt, ob etwas möglich oder unmöglich ist. So muß man zum Beispiel am Straßenrand eine genaue Einschätzung vornehmen: Ist es möglich, daß ich die Straße sicher überqueren kann, bevor das nächste Auto eintrifft? Eine Fehleinschätzung darf man sich nicht erlauben, weil sie verheerende Folgen haben könnte.

Wenn wir mit diesem strengen Realitätssinn an den angenehmen Traum vom Fahrrad herangehen und fragen: Ist es möglich, daß ein Velo ohne Antrieb einen Berg hinauffährt?, so müssen wir ganz entschieden nein sagen; denn im täglichen Leben gibt es kein Fahrzeug, das sich ohne Antrieb bewegt. Nehmen wir an, das Kind würde beim Frühstück erzählen: «Ich habe von einem Fahrrad ohne Pedale geträumt, das sich ganz von selber bewegt», dann würde eine mögliche Reaktion bestimmt lauten: «So etwas gibt es auch nur im Traum. Im Leben muß man sich eben anstrengen, daß man vorankommt.» In dieser Antwort verbirgt sich die Botschaft, daß viele Träume sinnlos sind, weil sie Dinge in Erscheinung treten lassen, die wir im täglichen Leben noch nie gesehen haben.

Bei der aktiven Lebensbewältigung erweist sich der Realitätssinn als äußerst wirkungsvoll, wie das Beispiel von der Straßenüberquerung zeigt. Dieses wertvolle geistige Instrument nützt uns dagegen beim Versuch, die Bedeutung eines Traums zu verstehen, nur dann etwas, wenn wir eine Brücke zum täglichen Leben schlagen können. Vielleicht fällt uns im Traum gelegentlich die überraschende Lösung eines Problems ein. Oder das Traumgeschehen macht uns ganz konkret auf einen Termin aufmerksam, den wir vergessen haben. Man tut auch gut daran, sogenannte Warnträume ernst zu nehmen. Wenn man beispielsweise wiederholt träumt, daß sich ein Kind eine Vergiftung zuzieht, schadet es bestimmt nichts, wenn man vorsichtshalber genau prüft, ob man die Medikamente kindersicher aufbewahrt; denn vieles, was unserer bewußten Wahrnehmung entgeht, nehmen wir irgendwann beiläufig zur Kenntnis, sind jedoch in diesem Moment nicht achtsam genug, um die Aufmerksamkeit auf etwas scheinbar Nebensächliches, wie zum Beispiel auf eine Tablettenschachtel, zu richten.

Nehmen wir nun den umgekehrten Fall an, bei dem sich überhaupt keine direkte Brücke zum täglichen Leben finden läßt. Dieser Fall kommt nämlich viel häufiger vor, sonst wüßte man ja in der Regel ziemlich genau Bescheid, was Träume bedeuten. Das Beispiel vom Vergiftungstraum eignet sich sehr gut, um unsere Ratlosigkeit deutlich zum Ausdruck zu bringen, wie wir gleich zeigen werden: Wir würden also den Vergiftungstraum ganz konkret als Warntraum auffassen und die ganze Wohnung nach Medikamenten durchforsten. Zu unserer Beruhigung würden wir feststellen, daß unsere Hausapotheke kindersicher verschlossen ist. Auch andere Mittel, die Giftstoffe enthalten, wären für Kinderhände unerreichbar aufbewahrt. Nehmen wir weiter an, daß unser Kind in den folgenden Tagen und Wochen glücklicherweise nie krank, nicht einmal an einer Erkältung oder Magenverstimmung leiden würde. Was wäre nun die Folge? Wir würden uns bestimmt für überängstlich halten und vor allem echte Zweifel hegen, ob Träume wirklich mit dem täglichen Leben in Beziehung zu setzen sind.

Wenn wir uns aber im Umgang mit Träumen nicht durchwegs auf den Realitätssinn verlassen können – woran soll man sich denn dann halten? Wie kann man die Bedeutung eines Traums herausfinden, in dem fremdartige Insektenkrieger und andere Seltsamkeiten vorkommen? Wir meinen, daß es einen Weg gibt, die eigenartige Traumsprache zu verstehen, der auch dann noch gangbar ist, wenn das Traumgeschehen keinen offensichtlichen Zusammenhang mit der Realität aufweist. Das Interesse an den Träumen der Kinder und an den eigenen wird sprunghaft ansteigen, sofern man die seltsamen Bilder und Handlungen nicht mehr für verwirrend und sinnlos hält, sondern eine durchgängige Ordnung entdeckt, die zwar nicht einfach zu durchschauen ist, aber, wenn man einmal den Blick dafür gewonnen hat, zuverlässige Aussagen möglich macht.

Wir haben bereits den Begriff der *Selbstorganisation* kennengelernt und wissen, daß man sich darunter nicht etwas Kompliziertes vorstellen muß: Der Mensch kann den Wachzustand nicht beliebig lange aufrechterhalten, weil die hellwache Aufmerksamkeit sehr viel Energie kostet. Bei den meisten Lebewesen können wir beobachten, daß sie darauf bedacht sind, zwischen der Energieabgabe und der Energieaufnahme einen ausgeglichenen Haushalt zu schaffen. Die Organisation des Haushalts kann der Mensch im Wachzustand einigermaßen gut selber leisten, er kann bestimmen oder spüren, wann und in welchem Ausmaß er sich konzentrieren beziehungsweise zerstreuen will. Sobald die Ermüdung überhand nimmt, muß er sich erholen, das heißt, er gerät in den Schlafzustand und kann die Organisation nicht mehr mit bewußter Anstrengung leisten. Er «übergibt» sie gewissermaßen der *Selbstorganisation,* wie zum Beispiel ein Pilot die Lenkung des Flugzeugs der automatischen Steuerung übertragen kann, wenn er eine bestimmte Flugbahn erreicht hat und keine besonderen Manöver anstehen.

Sobald der Mensch schläft, ist die Selbstorganisation ausschließlich für alle energetischen Vorgänge verantwortlich. Sie kann bei bedrohlichen Geräuschen oder bei Rauchentwicklung den Wachzustand sehr schnell wieder aktivieren, aber sie sorgt in der Regel dafür, daß Tiefschlafphasen und Traumzustände in einer Ordnung verlaufen, die eine optimale Erholung sicherstellt. Wie das so ist, wenn man einer Organisation die Verwaltung überläßt – man kann nicht mehr selber bestimmen, wie sie die Geschäfte erledigt. An die Stelle unseres Willens, unserer Absichten und Neigungen tritt ein *autonomes Geschehen,* das die *Gesamtheit aller energetischen Vorgänge neu ordnet und dabei die Ausfuhr der Unordnung bei gleichzeitiger Einfuhr von freier Energie sorgfältig vorbereitet.*

Um diesen Ablauf deutlich zu veranschaulichen, wählen wir ein einfaches Beispiel, das häufig vorkommt: Ein vierjähriges Kind hat einen großen Hund in der Nachbarschaft sehr gern, aber es hat auch Angst vor ihm, weil er gelegentlich laut bellt und furchterregende Zähne zeigt. Die Angst blockiert seine Energie und verhindert also, daß das Kind mit dem Hund spielen geht, was es ja wirklich gern tun möchte. Weil weder die Eltern noch der Nachbar die Zuneigung und die gleichzeitige Angst bemerken, müßte das Kind den Konflikt zwischen den widerstrebenden Gefühlen im Wachzustand selber lösen, wozu es jedoch außerstande ist. Nachts, in den Träumen, unterzieht die Selbstorganisation den Konflikt einer eigenständigen Bearbeitung mit dem Ziel, die von der Angst blockierte Energie zu befreien. Im Gegensatz zum täglichen Leben, in dem immer nur eine bestimmte Situation gerade aktuell ist und dem Kind eine Reaktion abverlangt, steht dem Traumgeschehen eine unübersehbare Fülle von energie- und gefühlsgeladenen Situationen zur Verfügung, die das Geschehen um den Konflikt zwischen Zuneigung und Angst anordnen kann, wobei nicht eine kurzfristige Bewältigung der Angst vor dem Hund in der Nachbarschaft angestrebt wird, sondern eine *grundsätzliche Befreiung der Energie und eine ebenso grundlegende Ausfuhr der Unordnung.*

Während wir im täglichen Leben ein Problem nach dem andern lösen wollen und uns eher selten fragen, ob man sich nicht mit einer ganz neuen Einstellung oder Haltung ganz viele Probleme aufs Mal vom Hals schaffen könnte, konzentriert sich die Selbstorganisation auf die energetischen Vorgänge, *die den Problemen zugrunde liegen,* sie arbeitet also an einer *umfassenden Einstellungsveränderung,* die wir im Wachzustand selten vornehmen, es sei denn, ein schwerer Unfall oder der Tod eines Angehörigen würden uns zutiefst erschüttern. Die Perspektive im Wachzustand ist eben in der Regel sehr eng, und man gönnt sich selten Zeit, die eigene Einstellung samt allen eingeschliffenen Reaktionsmustern und Gewohnheiten zu hinterfragen.

Es ist daher nicht weiter verwunderlich, daß sich das Traumgeschehen einer anderen, einer gewissermaßen *radikalen Bildersprache* bedient. «Was machst du», könnte der Traum das Kind mit der Hundeangst fragen, «wenn du in einer Höhle bist, und ein zähnefletschender Bär geht auf dich los?» Die extrem bedrohliche Situation kann sich in den Träumen des Kindes auffällig häufig wiederholen, eventuell sogar den Schlaf stören, weil das Kind mit einem Angstschrei erwacht. Während eine wirkliche Begegnung des Hundes mit dem Kind im täglichen Leben nie zustande kommt, weil es die Nähe des Tiers ängstlich meidet, führt der Traumzustand das Kind immer wieder und auf verschiedene Weise in die angstauslösende Situation hinein, wo die Auseinandersetzung unausweichlich bleibt.

Wir möchten nun herausfinden, ob es möglich ist, die radikale Bildersprache des Traums zu verstehen oder gewissermaßen zu übersetzen, so daß man begreift, was mit einem Traum, der das Kind in der Nacht gefreut oder geängstigt hat, gemeint sein könnte. Um der Bildersprache auf die Spur zu kommen, sehen wir uns einmal genau an, was geschieht, wenn in einem sprachlichen Ausdruck eine *bildhafte Übertragung* stattfindet.

Der Ausdruck «das Haupt der Familie» eignet sich gut als Beispiel, mit dem sich veranschaulichen läßt, wie eine *Metapher,* eine bildhafte Übertragung, zustande kommt: Im täglichen Leben setzt sich die Familie aus Kindern und Elternteilen zusammen, und es ist gut möglich, daß die Mutter oder der Vater das Familiengeschehen größtenteils lenkt. Strenggenommen hat die Familie natürlich so viele Köpfe, wie sie Mitglieder zählt, weshalb es verständlich ist, wenn jemand nicht begreift, daß irgendwer «das Haupt der Familie» sein soll. Bei genauerem Hinsehen zeigt sich oft, daß doch die meisten Informationen einem Elternteil zugetragen werden, der dann auch fast alle wichtigen Entscheidungen trifft. Ob «das Haupt der Familie» die Mutter oder der Vater ist, oder ob alle Entscheidungen einvernehmlich und demokratisch gefällt werden, wie man es gern hätte, spielt für unsere Betrachtung weniger eine Rolle. Uns interessiert hier nur, wie die Übertragung funktioniert und was sie möglicherweise auslösen kann.

Die Metapher beruht auf einer Entsprechung oder Ähnlichkeit von Verhältnissen: So, wie der Körper aus einzelnen Gliedern besteht, setzt sich auch eine Familie aus Mitgliedern zusammen. Da viele körperliche Vorgänge vom Kopf aus gesteuert werden, liegt es nahe, das Verhältnis zwischen Kopf und Körper auf die Familie zu übertragen und vielleicht spaßeshalber «das Haupt der Familie» zu bestimmen. Spannend ist es gewiß zu beobachten, wieviel Aufmerksamkeit die bildhafte Übertragung erfährt. Wenn die Mutter beispielsweise am Familientisch sagt: «Bei mir laufen viele Informationen zusammen, und einige wichtige Entscheidungen muß ich manchmal allein treffen», wird diese Mitteilung kaum so heftige Reaktionen wecken wie die Erklärung mit der Metapher: «Ich bin das Haupt der Familie.»

Die erste Durchsage kann man ja ruhig zur Kenntnis nehmen, weil sie sachlich gehalten ist und möglicherweise zutrifft. Die Erklärung mit der Metapher löst dagegen starke Gefühle aus, sie kann von den Kindern oder vom anderen Elternteil als Kränkung empfunden werden, weil sie drastisch und anschaulich vor Augen führt, wie die Mutter ihre leitende Stellung in der Familie erlebt. *Metaphern sind also so angelegt, daß sie einen starken Auslösungscharakter für energetische Vorgänge, Gefühle zum Beispiel, haben.* Sie zielen auf das Grundlegende einer Situation und kümmern sich nicht um Einzelheiten oder spezielle Eigenschaften, die das Gesamtbild nur unwesentlich verändern.

Wir werden im folgenden darlegen, daß die Sprache der Träume vorwiegend eine *Sprache in Metaphern* ist, was ganz einfach bedeutet, daß die energetischen Zustände, die uns im täglichen Leben unmerklich bewegen, die auf unser Handeln und Denken jedoch großen Einfluß nehmen, vom Traumgeschehen in anschauliche, gefühlsgeladene Bilder übertragen werden und dabei etwas Unausweichliches bekommen, wie wir am Beispiel des Kindes mit der Angst vor dem Hund deutlich sehen konnten: Tagsüber meidet das Kind wirkliche Begegnungen mit dem Hund, die zu einer neuen Einstellung führen könnten, aber nachts, in seinen Träumen, greift die Selbstorganisation das ängstlich gemiedene Thema auf und ordnet das Traumgeschehen so lange um ähnliche oder entsprechende energetische Zustände an, bis die Unordnung ausgeschafft und die von der Angst blockierte Energie wieder frei ist und der Aufbau einer neuen Einstellung sorgfältig vorbereitet werden kann.

Weil wir natürlich nie vollständig wissen können, was einem Kind Sorge bereitet, was sein Gemüt bedrückt oder seine Energie blockiert, fällt es uns schwer zu bestimmen, auf welches ganz konkrete Problem sich die Metapher, also die bildhafte

Übertragung der energetischen Zustände, beziehen könnte. Offenbar arbeitet die Selbstorganisation auch nicht so, daß sie die einzelnen Probleme, die das Kind tagsüber im Wachzustand nicht lösen kann, nachts im Traum aus der Welt schafft; denn sonst hätten die Träume ja ganz reale Züge, und wir könnten wie in einem Dokumentarfilm klar sehen, wo der Schuh drückt. Die Selbstorganisation geht die Probleme jedoch von der energetischen Seite an: Ein Übergewicht von Unordnung und ein Mangel an freier Energie im Haushalt der kindlichen Seele werden nicht dadurch ausgeglichen, daß das Kind die Frisur ändert. Wenn es nämlich wegen des Haarschnittes von den andern Kindern ausgelacht wird, kann man das Problem kaum nur mit dieser Änderung beheben. Es ist durchaus möglich, daß die Kinder an der neuen Frisur wieder etwas Lächerliches finden, oder aber über die Jacke oder über die Hose spotten. Was wirklich geändert werden muß, ist die Einstellung des Kindes; denn sein Durchsetzungsvermögen ist energetisch zu schwach aktiviert, und darum erlauben sich die anderen Kinder andauernd die Übergriffe.

Wir tun daher gut daran, wenn wir die Metapher, die im Traum eines Kindes erscheint, nicht auf ein einzelnes, isoliertes Problem zurückführen, sondern die bildhafte Übertragung zunächst als Energiebilder im Raum stehen lassen. «Ist das alles?» wird man vielleicht ein bißchen enttäuscht fragen. Wir meinen, daß damit schon viel erreicht ist. Die moderne Computergrafik hat, um ein Beispiel aus einem ganz anderen Bereich zu nehmen, ganz viele Möglichkeiten, die energetischen Zustände, wie etwa die Aktivitäten in den einzelnen Gehirnbereichen, durch Farben wiederzugeben und dadurch anschaulich zu machen. Niemand käme auf den Gedanken zu sagen: «In den Randzonen des Gehirns sieht es grün und blau aus, während die Mitte rot leuchtet.» Das Computerbild ist keine realistische Fotografie, sondern gewissermaßen eine Metapher für die energetischen Verhältnisse im Gehirn. Wenn man es mit zu anderen Zeiten aufgenommenen Bildern vergleicht, kann man nicht nur

Aussagen über die Veränderungen der energetischen Zustände machen, sondern es gelingt auch, *einen Zusammenhang zwischen dem Energiebild und dem täglichen Leben herzustellen,* weil die Fülle der Daten den Rückschluß ermöglicht.

Wir werden uns daher im nächsten Kapitel ausführlich mit einer Serie von Träumen beschäftigen und uns fragen, ob eine Reihe von Träumen einfach eine zufällige Abfolge von verwirrenden Bildern und Handlungen bildet, oder ob die Möglichkeit besteht, den roten Faden zu finden, der sich durch das Ganze zieht und den Metaphern einen Sinn gibt, den wir erkennen und verstehen können.

Eine Serie von Träumen

Im Umgang mit Kinderträumen, aber auch mit eigenen Träumen findet man immer wieder Anlaß, an seinem Gedächtnis zu zweifeln. Selbst eine gut trainierte Merkfähigkeit, der nicht so schnell etwas entgeht, scheitert meistens an der Aufgabe, einen Trauminhalt für längere Zeit in Erinnerung zu behalten. Nach dem Erwachen kann uns ein eindrücklicher Traum noch recht gut präsent sein, doch bereits beim Ankleiden wird man das Gefühl kaum los, daß von der lebendigen Ganzheit, die das Traumgeschehen gebildet hat, bloß verwirrende und recht farblose Bruchstücke übriggeblieben sind. Kinderträume bleiben erfahrungsgemäß etwas länger im Gedächtnis haften; denn das Kind hatte die Übersetzungsarbeit in Sprache bereits geleistet, als es uns den Traum erzählte. Wir hören daher eigentlich eine Geschichte, nämlich seine Traumgeschichte, und eine Erzählung vergißt man üblicherweise nicht so rasch wie einen Traum.

Wenn es uns wirklich gelingt, am Frühstückstisch eine gute Gesprächskultur zu schaffen, wie wir es im ersten Kapitel ausgeführt haben, kann es nicht ausbleiben, daß das Kind ab und zu einen Traum erzählt. Wir freuen uns natürlich über dieses Geschenk, müssen uns jedoch nach ein paar Tagen oder Wochen eingestehen, daß wir uns nur noch sehr dunkel an den Trauminhalt, den uns das Kind anvertraute, erinnern. Schließlich hat sich in der Zwischenzeit viel ereignet, unsere Aufmerksamkeit in Anspruch genommen, und wenn es sich nicht um eine besonders erschütternde oder verblüffende Traumerzählung handelt, fehlt uns etwas Greifbares, das die Erinnerung in Gang bringen könnte. Ein Taschentuch mit Blutflecken, zum Beispiel, schlägt blitzschnell eine Brücke zum Nasenbluten, an dem das Kind vor einer Woche litt, und daran schließen sich ganz viele Erinnerungen an, falls man Zeit findet, sich damit zu beschäftigen. Der Traum hinterläßt jedoch keine sichtbaren Spuren, die unsere Erinnerungstätigkeit auslösen würden.

In der Frage, was man mit den kindlichen Traumerzählungen anfangen soll, kann man zwei Haltungen einnehmen. Beide darf man sicher mit gutem Recht vertreten, wie wir gleich sehen werden, es kommt nur darauf an, daß man sich klar für ein Vorgehen entscheidet und nicht zwischen den Möglichkeiten hin- und herpendelt. Wenn man sich sagt, daß es zum Wesen des Traums und der Traumerzählung gehört, daß man sie eben bald und sehr leicht vergißt, so kann man sich durchaus mit dem Gedanken trösten, daß das Kind einen ja auf dem laufenden hält, daß man also immer die neusten und aktuellsten Träume erfährt und somit ein ungefähres Bild von seiner Entwicklung gewinnt. Dagegen ist wenig einzuwenden, vor allem, wenn die Gesundheit und die Grundstimmung des Kindes kaum Anlaß zu Sorgen geben.

Aus verschiedenen Gründen könnte man sich jedoch auch dazu entschließen, gegen das Vergessen etwas zu unternehmen: Es ist schwierig, den Zusammenhang zwischen dem Energiebild, das wir *Metapher* nennen, und dem täglichen Leben zu durchleuchten, wenn nur ein einzelner Traum vorliegt. Die Vergleichsmöglichkeiten fehlen, und wir können kaum sagen, in welche Richtung sich die energetischen Zustände verändern. Das bedeutet, daß wir in besonders hohem Maß auf Vermutungen angewiesen sind, die wir eigentlich nie sicher überprüfen können. Viele Texte aus versunkenen Kulturen, aber auch Geheimschriften lassen sich nur entschlüsseln, wenn das gleiche Zeichen in verschiedenen Umgebungen auftaucht. Man verwendet die sogenannte Einsetzmethode, gibt also dem Zeichen die vermutete Bedeutung und untersucht, ob man auf diese Weise zu einer flüssigen Lesung gelangt, die einen Sinn ergibt.

Für dieses Verfahren benötigt man eine gewisse Anzahl Träume, die man unmöglich alle im Gedächtnis behalten kann.

Wenn man wirklich herausfinden möchte, ob die Träume keine Zufallsreihe, sondern ein verflochtenes Netzwerk bilden, muß man die Traumerzählungen der Kinder aufzeichnen, um sie auf diese Weise dem Vergessen zu entreißen. Es gibt verschiedene Möglichkeiten, die Aufzeichnung vorzunehmen: Man könnte, wenn das Kind mit der Traumerzählung beginnt, einen Kassettenrecorder einschalten, der sich heutzutage fast in jedem Haushalt befindet. Das Gerät anzuschaffen oder zu bedienen, ist also nicht das Problem, sondern die grundlegende Veränderung der Situation. Ohne das Bemühen, eine Aufzeichnung zu gewinnen, sind wir aufmerksame Zuhörer, und unsere Aufmerksamkeit steigert im günstigen Fall die Erzählbereitschaft des Kindes. Wir haben im ersten Kapitel bereits darauf hingewiesen, daß Kinder mit Beginn des Schulalters eine gewisse Hemmschwelle überwinden müssen, bevor sie von ihren nächtlichen Erlebnissen berichten. Diese Hemmungen werden durch das laufende Aufzeichnungsgerät eher verstärkt als abgebaut, was wir leicht an uns selber feststellen können, wenn wir beobachten, wie sich unsere Stimme und sogar unsere Haltung vor dem eingeschalteten Mikrophon stark verändern.

Die moderne Technik gibt uns zwar allerlei Geräte in die Hand, um die Aufzeichnung heimlich, ohne Wissen des Kindes, zu machen, aber davon ist ganz abzuraten, weil wir es grundsätzlich nie täuschen dürfen. Entweder hören wir dem Kind wirklich zu, und zwar mit unseren Ohren und nicht mit einem raffinierten Abhörgerät, oder wir fragen es ehrlich an, ob es sich damit einverstanden erklären kann, daß wir seine Träume aufzeichnen. Wir dürfen es mit der Aufzeichnung auch nicht bedrängen oder unsere Überredungskünste spielen lassen, sonst verhindern wir, daß das Kind die Kostbarkeit der Entscheidungsfreiheit kennenlernt, was weder in seinem noch in unserem Interesse sein kann.

Wenn das Kind gern und ohne Widerstand auf Band spricht, könnte man zur Erklärung anfügen, daß man von seinen Träumen eine Art Fotoalbum machen möchte. Fotografieren kann man die Träume ja nicht, darum ist die Bandaufzeichnung ein gangbarer Weg, sofern man die Gewißheit hat, daß man damit die kindlichen Traumerzählungen nicht zum Verstummen bringt. Vom Tonbandprotokoll kann man in einer freien Minute eine schriftliche Aufzeichnung anfertigen, die das Kind jederzeit einsehen darf. Es kann auch wünschen, daß man gewisse Passagen streicht oder anders formuliert; denn die Traumerzählungen bleiben das Eigentum des Kindes, und wir dürfen gar nichts damit machen, ohne nicht vorher sein Einverständnis eingeholt zu haben. Träume sind etwas sehr Intimes, man hat daher auch auf Vertraulichkeit zu achten und darf das Traumbuch nicht wie ein Fotoalbum herumreichen.

Wenn man ohne Bandgerät arbeitet, kann man die Traumerzählung stichwortartig notieren, während das Kind erzählt, und später anhand der Notizen eine Reinschrift erstellen. Wer über ein gutes Gedächtnis verfügt, kann mit der schriftlichen Aufzeichnung überhaupt zuwarten, bis das Kind in die Schule gegangen ist, und dann die Arbeit in Angriff nehmen. Allen Vorgehensweisen muß jedoch gemeinsam sein, daß das Kind über unser Interesse und unsere Absicht genau informiert ist, und daß es nichts dagegen einzuwenden hat. Bei allem Interesse dürfen wir nicht vergessen, daß die Traumerzählung des Kindes ein *großes und freiwilliges Geschenk* ist. Sie gibt uns die Möglichkeit, das Kind umfassend zu verstehen, und *dieses Verständnis ist wichtiger als alle Aufzeichnungen.* Die gute Gesprächskultur, die Traumerzählungen einschließt, ist in jedem Fall wertvoller als irgendwelche Resultate, die man mit der Aufzeichnung einer Traumserie möglicherweise erzielen könnte.

Viele Metaphern des Traumgeschehens sind so angelegt, daß man spontan und intuitiv eine gewisse Bedeutung erahnt. Bei der spontanen Deutung darf man sich nur nicht auf irgendeine Vermutung versteifen, sondern man muß immer mit der Wahrscheinlichkeit rechnen, daß man nur einem Teilaspekt, und vielleicht nicht einmal dem wichtigsten, auf die Spur gekommen ist.

Die nachfolgenden Kapitel geben den Leserinnen und Lesern einen Einblick in die *Metaphernsprache* des Traums. Einigen Motiven werden wir besondere Aufmerksamkeit schenken, so daß man auch einen einzelnen Kindertraum, in dem das eine oder das andere Motiv auftaucht, besser verstehen kann, auch ohne über das Material einer ganzen Traumserie zu verfügen. Bevor man nämlich den Vorsatz faßt, möglichst viele Träume eines Kindes aufzuzeichnen, sollte man sich über den *Zeitpunkt* und die *Zeit* genau Rechenschaft geben. Der Zeitpunkt, an dem die Aufzeichnung erfolgen soll, muß möglichst nah an das Erwachen des Kindes gerückt werden, weil die meisten Träume im Getriebe des Tages unwiderruflich verlorengehen. Von daher wäre es zu empfehlen, den Zeitpunkt um die Frühstückszeit festzulegen. Allerdings kommt man nicht umhin, eine ehrliche Selbsteinschätzung vorzunehmen; denn die Zahl der Frühaufsteher soll, Umfragen zufolge, laufend abnehmen, das heißt, ganz viele Leute stehen so spät wie möglich auf und verzichten lieber auf das Frühstück, als daß sie die Schlafzeit nach dem Einsetzen der Morgendämmerung verkürzen. Das Frühstück wird nicht selten in die Arbeitspause am Vormittag verlegt, und einige Kinder sind soweit mit dieser Gewohnheit vertraut, daß sie auch in der Schulpause die erste Mahlzeit einnehmen und sich mit einem Milchgetränk anstelle eines währschaften Frühstücks begnügen. Kinder, die von einem reichhaltigen, genußvollen Frühstück erzählen, bei dem man viel Zeit hat und sich in aller Ruhe auf den Tag einstimmen kann, gehören heutzutage wirklich zu den beneidenswerten Ausnahmen.

Bevor man sich sagt, es wäre doch schön und auch interessant, so eine Traumserie aufzuzeichnen, muß man sich wirklich Rechenschaft über den eigenen Tagesbeginn geben. Wenn die Zeit vor der Arbeit und vor der Schule tatsächlich von großer Hektik geprägt ist, tut man gut daran, eine möglichst gute Gesprächskultur zu pflegen und auf alle weiteren Absichten zu verzichten. Ein gutes Gespräch kann man auch in einer Minute führen, aber man muß dann ganz hellhörig für die Kinder sein und darf keinesfalls die Illusion haben, man könne sie noch rasch und beiläufig zu einer Traumerzählung bewegen. Was man jedoch anstreben könnte, das wäre ein ruhiges Frühstück am Wochenende oder in den Ferien, als Ausgleich gewissermaßen zur Hektik der Werktage. Da wäre es vielleicht möglich, den idealen Zeitpunkt zu finden.

Bisher sind wir noch gar nicht der Frage nachgegangen, wieviel *Zeit* die Traumaufzeichnung eigentlich benötigt. Die Texte werden wahrscheinlich die Form von kurzen Geschichten annehmen, also ungefähr soviel Zeit beanspruchen, wie man zum Verfassen eines knapp gehaltenen Briefs, der doch über ein paar wenige Grußformeln hinausgeht, benötigt. Vor der Erfindung des Telefons war das Schreiben von kurzen Mitteilungen, sogenannten «Billetts», eine durchaus geläufige Übung; man mußte nicht, wie heute am Telefon, lange nach den Worten suchen, wenn man *schrieb*. Zu dieser Form von Schreibgewandtheit könnte man tatsächlich zurückfinden, sofern man sich täglich die Mühe nimmt, kurze Texte zu verfassen. Man würde es allerdings ohne äußere Aufforderung tun; denn das tägliche Leben stellt nur geringe Ansprüche an unsere Schreibfähigkeit: Es genügt, wenn wir bei den vorgedruckten Formularen das Zutreffende ankreuzen, das Datum und allenfalls noch unsere Adresse hinschreiben. Daher ist es nicht weiter verwunderlich, daß das Schreiben von kurzen Texten nicht nur eine erhebliche Mühe bereitet, sondern auch entsprechend viel Zeit benötigt.

Diese Überlegungen sind wichtig, weil sie zu einer realistischen Einschätzung des Vorhabens, eine Traumserie aufzuzeichnen, führen. Man sollte sich nur dazu entschließen, wenn man wirklich über die Zeit verfügt, und die Aufzeichnung kein Familienmitglied unnötig belastet. Es gibt allerdings eine große Vereinfachung und Abkürzung des Verfahrens, aber man kann sie nicht bei allen Kindern anwenden oder von einem Kind verlangen: Sofern ein Kind gern und viel zeichnet, kann man die Entdeckung machen, daß die einzelnen Bilder richtungweisende Beziehungen miteinander aufnehmen. Das bedeutet, daß sich oft ein Bild aus dem anderen ergibt, oder daß ein Bild bereits in eine Richtung weisen kann, die zum nächsten Bild führt. Nicht selten stehen diese Bilder in einem Zusammenhang mit dem Traumgeschehen. Wenn wir die Geschichte, die das Kind von selber während oder nach dem Zeichnen erzählt, stichwortartig notieren, bekommen wir einen sehr farbigen und anschaulichen Eindruck von den energetischen Vorgängen und Themen, die das Kind bewegen. Man kann es sicher zum Zeichnen ermuntern, vor allem, wenn es eine gewisse Neigung zu dieser Tätigkeit und Freude daran hat. Das muß jedoch in großer Freiheit geschehen; jede Zeichnung sollte gewissermaßen ein Geschenk sein, das einen freut und das man nie abverlangen darf. Im außerfamiliären Rahmen, im Kindergarten, in der Schule oder in einer Therapie, sollte man mit dieser Art von Zeichnungsserien besonders behutsam umgehen, um den intimen Charakter zu schützen.

Äußerst selten kommt es vor, daß ein Kind selber seine Träume aufschreibt. Das kann unter großem inneren Druck geschehen, wenn sich das Kind in einer *kritischen Durchgangssituation* befindet und außerdem eine starke Beziehung zum Medium Sprache hat. Wie eine derartige Sammlung von Traumtexten möglicherweise entstehen kann, werden wir am Beispiel Anjas erfahren und zugleich erkennen, daß es sich dabei um eine große Ausnahme handelt, die man kaum herbeiführen kann. Wir meinen, daß es auch nicht nötig ist, daß plötzlich alle Kinder anfangen, ihre Träume zu notieren. Uns geht es vielmehr darum, Verständnis für das nächtliche Geschehen zu gewinnen, und dabei kann natürlich eine Traumserie, die man sorgfältig und exemplarisch interpretiert, sehr hilfreich sein.

Es schafft auch eine andere Voraussetzung für den Umgang mit kindlichen Traumerzählungen, wenn wir wissen, daß wir in der Regel nur einen winzigen Ausschnitt aus dem verflochtenen und weitverzweigten Netzwerk zu sehen bekommen, das die Träume in ihrer Gesamtheit bilden. Man wird bescheiden und verzichtet auf den Anspruch, auf Anhieb einen einzelnen und isolierten Traum richtig verstehen zu wollen. Wenn wir geduldig sind und uns nicht so sehr mit der Frage quälen, was dieser Traum bedeuten könnte, wird ein späterer Traum einen überraschenden Aufschluß geben. Man muß auch daran denken, daß das Traumgeschehen und das tägliche Leben des Kindes nicht zwei völlig verschiedene Welten sind. Wenn es nur gelingt, sich dem Erleben des Kindes anzunähern, kann man eine Reihe von Rückschlüssen auf die energetischen Vorgänge ziehen, die dem einzelnen Traum das besondere Gepräge verleihen.

Für uns muß der Grundsatz wichtig und bestimmend sein, daß ein Kind immer nur soviel erzählt, aufzeichnet oder notiert, wie es selber aushalten oder ertragen kann. Wir haben in den vorangegangenen Kapiteln die Rahmenbedingungen kennengelernt, die das Traumerzählen begünstigen können. Unter guten Voraussetzungen ist eher damit zu rechnen, daß das Kind von seinen Träumen zu sprechen wagt, vielleicht sogar Lust am Erzählen gewinnt. Man würde sich jedoch von falschem erzieherischem Ehrgeiz leiten lassen, wenn man das regelmäßige Traumerzählen als Ziel ansieht. Daß man über einen verhältnismäßig großen Zeitraum an die Traumserie eines Kindes herankommt, ist sicher als seltener Glücksfall zu werten, den man mit dem besonderen Fang eines Fischers vergleichen kann. Plötzlich und unerwartet beißt ein überraschend großer Fisch an, und es kommt in diesem außerordentlichen Moment nur darauf an, daß man durch voreilige Handlungen nichts verdirbt.

Selbst wenn es einem nicht vergönnt ist, sich einen größeren Überblick über das kindliche Traumgeschehen zu verschaffen, lohnt es sich doch, sich mit den charakteristischen Merkmalen des verflochtenen Netzwerks, das eine Traumserie bildet, vertraut zu machen. Man versteht dann nämlich den einzelnen Traum viel besser und kann unter Umstanden erkennen, daß die einzelnen, zum Teil schwer verständlichen Motive richtungweisende Beziehungen miteinander aufnehmen. Diesen Vorgang können wir mit einem unterbrochenen Telefongespräch vergleichen: Mitten im Gespräch kann die Verbindung abreißen, und wir sind möglicherweise aus dem Beginn des Anrufs nicht ganz klug geworden. Irgendwann wird die Verbindung wiederhergestellt, wobei die Fortsetzung des Gesprächs manche Ungewißheiten, die uns während des Unterbruchs Kopfzerbrechen verursacht haben, auf einfache und natürliche Weise klärt.

Die interessanteste Feststellung, die man in bezug auf eine Traumserie machen kann, wollen wir hier vorwegnehmen, um einen Einstieg zu gewinnen: *Die Traumserie als ganzes Geschehen hat Eigenschaften, die aus der Summe seiner Teile, das heißt aus den einzelnen Träumen, nicht zu erklären sind.* In einer Traumserie können nämlich gewisse Motive wiederholt auftreten und sich verändern. Diese Veränderungen legen die Vermutung nahe, daß im Traumzustand *zielgerichtete Vorgänge ablaufen, die eine Befreiung der Energie aus verschiedenen Blockierungen anstreben.* Der Prozeß nimmt viel Zeit in Anspruch, weil die falschen Einstellungen, die Entwicklungshemmungen oder die Gefühle, welche die Vitalität des Kindes einschränken, ja auch nicht von einem Tag zum anderen aufgebaut worden sind. Ein Kind, das zum Beispiel Angst vor brusttiefem Wasser hat, muß zuerst ganz viele Erfahrungen mit Bewegungen im weniger tiefen Wasser gewinnen, bevor es sich selbständig in die Zone begibt, die früher seine Unternehmungslust und Energie vollständig blockiert hat.

Die Bewegungen im Wasser bieten überhaupt ein gutes Beispiel, um die Wirksamkeit der *Selbstorganisation* zu veranschaulichen: Es ist gar nicht möglich, gleichzeitig und bewußt auf die Schwimmbewegungen und auf das Wasser, das durch den Mund oder durch die Nase in die Atemwege eindringen könnte, zu achten. Das günstige Zusammenwirken von allen erforderlichen Teilleistungen gelingt nur dann gut, wenn die Einzelleistungen weitgehend *automatisiert* sind, also *autonom und ohne Willensanstrengung oder bewußte Kontrolle* zum Einsatz gelangen. Wenn das Kind ängstlich kontrolliert, daß das Wasser weder den Mund noch die Nase erreicht, steht die

Energie, die es für diese Kontrolle aufwenden muß, der Steuerung der Schwimmbewegungen nicht mehr zur Verfügung. Umgekehrt kann die angestrengte Kontrolle der Schwimmbewegungen dazu führen, daß das Kind unachtsam wird und unfreiwillig Wasser schluckt, was die Angst vor dem tieferen Wasser in erheblichem Maß verstärkt.

Was können wir aus diesem Beispiel ersehen und auf die Vorgänge, die in einer Traumserie Wirksamkeit entfalten, anwenden? Zunächst wird klar ersichtlich, daß die Kontrolle eine Art Schleuse bildet, die den vitalen Bewegungsfluß staut und gleichzeitig die Energie blockiert. Die Selbstorganisation muß daher, bildlich gesprochen, zuerst die Schleusen öffnen und den Austausch aller Impulse, welche die Teilleistungen steuern, erleichtern. Bei dieser Verminderung der Kontrolle wird die Energie wieder frei und steht einer übergeordneten Steuerung zur Verfügung, die alle Teilleistungen aufeinander abstimmt.

Wir werden anhand der Traumserie beobachten können, daß das Geschehen immer in eine Richtung strebt und dabei die einzelnen Motive andauernd einer Bearbeitung unterzieht. So, wie sich das Kind stets wieder dem Wasser annähert und auf diese Weise neue Erfahrungen gewinnt, bringt das Geschehen eine Entwicklung in Gang. Das einzelne Traummotiv kann man durchaus mit dem Wasser unseres Beispiels in Beziehung setzen: Es weist nämlich gleichbleibende Eigenschaften auf, während sich der Kontakt des Kindes damit laufend verändert. Die wiederholte Auseinandersetzung mit dem einzelnen Traummotiv bietet den unschätzbar großen Vorteil, daß man beim Versuch, die Bedeutung zu verstehen, nicht auf vage Vermutungen angewiesen bleibt, sondern gewissermaßen den Nerv trifft.

Aus diesem Grund haben wir uns dazu entschlossen, wichtige Traummotive, die in vielen Kinderträumen vorkommen, vor dem Hintergrund einer Traumserie verständlich zu machen. Jedes Kind erlebt die Welt anders, einmalig und auf seine ganz individuelle Weise. Und so sind auch seine Träume einzigartig, es ist gar nicht möglich, daß ein Kind genau das gleiche wie ein anderes Kind träumt. Auf der anderen Seite wird man auch einräumen müssen, daß ganz viele Kinder von einem Haus oder gar von einem Schloß träumen, wobei der Schlüssel, mit dem man Türen öffnen und schließen kann, eine wichtige Rolle spielt. Sehr häufig begegnen die Kinder im Traumgeschehen auch dem Wasser mit seinen faszinierenden Eigenschaften, die sich günstig oder ungünstig auswirken können. Der Berg und das Tal kommen nicht nur im täglichen Leben vor, sie erscheinen auch in der kindlichen Traumlandschaft und geben ihr ein spezielles Gepräge, das die Kinder im Traumzustand zu wichtigen Aktivitäten herausfordert. Ein Kapitel ist dem Thema der Rettung gewidmet, und wir werden sehen, daß viele Motive an ganz reale energetische Vorgänge gebunden erscheinen, die so allgemein und unausweichlich wie das Atmen, das Essen und das Trinken sind.

Jedes Kind gibt gelegentlich sein Lieblingstier an, mit dem es sich durch seine charakteristischen Eigenschaften verbunden fühlt. Dieses Lieblingstier ist für das Kind besonders wichtig und kann deshalb auffällig häufig in seinen Träumen auftreten. Wir werden dessen Bedeutung ebenso sorgfältig untersuchen, wie wir uns mit der merkwürdigen Tatsache beschäftigen werden, daß die Mutter oder der Vater, die im Traumgeschehen teilweise höchst befremdliche Züge tragen, nicht immer mit den realen Eltern identisch sind.

All diese Betrachtungen zeigen Wege auf, wie man die Botschaft der Kinderträume verstehen und somit entwicklungsgünstige Prozesse unterstützen kann. Man wird nun auch gespannt sein zu erfahren, wie es zur Aufzeichnung der vorliegenden Traumserie kam, die einhundertneunundzwanzig Träume beinhaltet. Wir müssen uns ein bißchen mit der Vorgeschichte vertraut machen, damit wir später, wenn wir die Motive näher betrachten, die persönliche und allgemeine Bedeutung besser auseinanderhalten können: Wie man sich erinnert, leiteten wir das erste Kapitel mit einem Gespräch ein, das zwei Frauen, die in sehr unterschiedlichen Verhältnissen leben, miteinander führen. Das Thema der Kinderträume lag irgendwie in der Luft, und wer sich Rechenschaft über die Themen gibt, mit denen er sich in letzter Zeit ungezwungen beschäftigt hat, wird wohl feststellen, daß es immer wieder Anlässe gab, um die Aufmerksamkeit kurz auf das Traumgeschehen zu richten, das die Menschen nächtelang in Bann zieht.

Anhand dieses Gesprächs konnten wir uns recht anschaulich vergewissern, daß es alles andere als einfach ist, Kinderträume ans Tageslicht zu fördern. Wir wollen alle günstigen und ungünstigen Umstände nicht wiederholen, sondern einen ganz neuen Weg einschlagen, dem man im täglichen Leben viel zuwenig Beachtung schenkt: Es ist nämlich eine Tatsache, daß sich in einer Lebensgemeinschaft mit sehr engen Beziehungen, zum Beispiel in einer Familie oder in einer familienähnlichen Gemeinschaft, kein Mitglied einem Thema, das in der Luft liegt, entziehen kann. Manchmal ist es sogar schwierig festzustellen, welches Mitglied die kurze oder anhaltende Beschäftigung mit einem Thema hervorgerufen hat. Sicher ist nur, daß sich jedes Mitglied auf eigene Weise damit auseinandersetzt, und es ist nicht auszuschließen, daß man sehr wenig oder gar nichts darüber weiß, in welchem Ausmaß die anderen Mitglieder davon betroffen sind.

Auf die Vorzüge der *guten Gesprächskultur* wurde bereits hingewiesen, aber es wurde auch erwähnt, daß sich die Wirtin, Frau Hofer, darüber beklagt, daß ihre Tochter Anja nie sage, was mit ihr los sei. Offenbar hatte sich in der Familie Hofer der Brauch eingebürgert, sich nur über die nächsten und praktischsten Dinge zu unterhalten, Gefühle, Gedanken, Wünsche und Sorgen jedoch andauernd zu verschweigen. Diese Vermutung ist nicht allzu abwegig, wenn man daran denkt, daß die Wirtsleute einen großen Teil ihres Wachlebens mit Gästen verbringen, sich also ganz bewußt einen Freiraum schaffen müßten, um sich ein Privatleben zu erhalten.

Wie wir den einleitenden Vorbemerkungen entnehmen konnten, lebt das Ehepaar Hofer getrennt. Wir lassen hier un-

untersucht, ob eine gute Gesprächskultur die Trennung hätte vermeiden können. Uns interessieren nur die speziellen Bedingungen, die das elfjährige Mädchen Anja veranlaßten, eine große Menge von Träumen selber aufzuschreiben, die Traumtexte jedoch nicht der Mutter, sondern einem Stammgast, nämlich mir, zu zeigen. Wahrscheinlich bestand ein großes Bedürfnis, sich mitzuteilen, und dem Kind standen gar keine anderen Wege oder Kanäle zur Verfügung, als die Texte auf die Zettel eines Bestellblocks zu schreiben und irgendwem zu geben, damit jemand Kenntnis von den merkwürdigen Bildern und Handlungen haben würde, und es nicht allein damit leben mußte.

Das kam so: Anja hatte nicht nur große Schwierigkeiten mit dem Essen – sie wies damals besorgniserregende Anzeichen einer Magersucht auf –, sondern auch erhebliche Probleme mit den Hausaufgaben, vor allem mit der Mathematik. Frau Hofer war reichlich unkompliziert, weshalb sie mich geradeheraus anfragte, ob ich Anja helfen würde, da ich ja auch so eine Art Lehrer sei. «Diese neuen Rechenbücher sind noch vertrackter als die Steuererklärung», erklärte sie und versprach, mir jeweils einen Kaffee zu spendieren, wenn ich ihrer Tochter auf die Sprünge helfen würde. Gegen dieses Angebot hatte ich wenig einzuwenden, ich machte mir einen Spaß daraus, die Aufgaben in lustigen Zeichnungen darzustellen, worauf Anja die Lösungen ohne Mühe selber fand. Von diesem Tag an weigerte sie sich, die Hausaufgaben zu erledigen, bevor ich kam. Wenn ich ausblieb, gab es immer eine kleine Szene. Übrigens leistete ich nicht Aufgabenhilfe im gewohnten Stil: Anja arbeitete ziemlich still neben mir, entwarf ganz allein Hilfsskizzen oder erfand Darstellungen, die einen neuen Zugang zum Problem oder zur Lösung öffneten.

Bei diesen rasch hingeworfenen Kritzelzeichnungen entstand der Eindruck, daß es sich nicht nur um spontane Zufallsprodukte, sondern um eine Art *Energiebilder* handeln würde, die eine verblüffende Ähnlichkeit mit Traumbildern aufwiesen. Wie gesagt, das Thema der Träume lag damals irgendwie in der Luft, gleichgültig, ob Frau Bertschinger das Gespräch darauf lenkte, oder ob sie sich eben durch eine besondere Stimmung oder Atmosphäre dazu gedrängt fühlte. Ich vermutete, daß Anja, die Tochter der Wirtin, über eine außerordentlich starke Traumerinnerung verfügte und dem nächtlichen Geschehen möglicherweise mehr Beachtung als dem täglichen Leben schenkte. Ohne den Zusammenhang weiter zu durchleuchten, äußerte ich ihr gegenüber sehr beiläufig die Vermutung, daß die Kritzelzeichnungen wohl mehr mit ihren Träumen als mit der Lösung eines mathematischen Problems zu tun haben würden. Sie entgegnete nichts darauf, notierte jedoch an einem der folgenden Tage den nachstehenden Traumtext auf den Zettel eines Bestellblocks:

> **Das neue Haus** (1. Traum, 11 Jahre 3 Monate)*
> Ich wohne im neuen Haus von meinem Vater. Auch Claudia Cairoli wohnt dort. Man muß Tag und Nacht wechseln. Der Morgen beginnt am Abend, und die Nacht nach dem Frühstück. Am Anfang klappt es noch nicht. Auch meine Mutter wohnt dort. So wohnen mein Vater und meine Mutter im gleichen Haus mit ihren Möbeln. Aber sie wissen es nicht. Aber es ist ein bißchen eng.

Dieser Traumtext erschien mir aus verschiedenen Gründen höchst interessant. Zunächst einmal spiegelte er die ganz reale Situation wider, die vor der Trennung von Anjas Eltern tatsächlich geherrscht hatte: Die Familie Hofer lebte wirklich mit der Servierfrau Claudia Cairoli im Dorfgasthaus Sonne unter einem Dach, wobei die Wirtin lange Zeit nicht bemerkt zu haben schien, daß ihr Mann zu der schönen Servierfrau eine Liebesbeziehung unterhielt. Was immer auch den Ausschlag zur Trennung gegeben haben mag, Frau Hofer versteifte sich auf den

* Anjas Traumaufzeichnungen wurden der Lesbarkeit halber etwas «geglättet».

Grund, ihr Mann habe einen Ehebruch begangen, weshalb sie außerstande sei, länger mit ihm zusammenzuleben. Offenbar war auch Herr Hofer nicht sehr viel an einer Fortsetzung des Ehelebens gelegen; er verzichtete darauf, die entrüstete Gattin zu beschwichtigen, und kehrte einen Tag nach dem heftigen Streit ins Berner Oberland zurück, in die Gegend, wo er aufgewachsen war. Die Servierfrau begleitete ihn, und man geht wohl nicht allzu fehl in der Annahme, daß ihm der Entscheid nicht besonders schwergefallen war; denn er hatte sich in der Ortschaft, in der seine Ehefrau aufgewachsen war, nie besonders wohl gefühlt.

Gleich zweimal erscheint in diesem Traum eine Verlegung der Situationen: Die alte Situation vor dem Wegzug des Vaters wird in die neue verlegt, und Tag und Nacht werden ausgetauscht. Die komplexe Anlage oder Struktur des Geschehens läßt auf eine starke Bewegung der energetischen Vorgänge schließen, da man ja nur in einem sehr bewegten Zustand, wie zum Beispiel während einer langen Bahnfahrt, feste Situationen als Bausteine der Welt betrachtet, die man beliebig neu zusammensetzen kann. Offenbar versucht das Mädchen im Traum, einer neuen Erfahrung einen Ort zu geben, den es im täglichen Leben noch nicht gefunden hat.

Wie diese Erfahrung beschaffen war, konnte ich damals, als mir Anja den ersten Traumtext zum Lesen gab, noch nicht wissen. Nur soviel wurde mir deutlich: Es schien sich nicht um einen Traum zu handeln, der dem Wunsch Ausdruck gab, Mutter und Vater wieder zusammenzuführen. Der Wunsch nach einer Wiedervereinigung der Eltern würde wohl andere Bilder auslösen als das Bild vom Zusammenleben auf engem Raum, das seltsamerweise dadurch gekennzeichnet ist, daß die Eltern nicht voneinander wissen, daß sie im gleichen Haus wohnen, wie der Traumtext ausdrücklich betont. Da sich in diesem Traumgeschehen viele mögliche Situationen ausdrücken, scheint es, daß sich eher viele innere Entwicklungsmöglichkeiten eröffnen, als daß eine Rückkehr zu der früheren, ungetrennten Familie angestrebt wird.

Wie die Entwicklungsmöglichkeiten angelegt sind, kann man schwer einschätzen, solange man nur diesen ersten Traum kennt. Um einigermaßen sichere Aussagen zu gewinnen, muß man schon die ganze Bandbreite aller Motive berücksichtigen, was wir in den folgenden Kapiteln unternehmen werden. Vorerst begnügen wir uns mit dem nicht unwichtigen Hinweis, daß ich Anja in keinem Moment aufforderte, mehr Träume aufzuschreiben. Ich hatte große Furcht davor, einen Prozeß auszulösen, den ich von meinem Beruf her unmöglich begleiten konnte. Ich bin nicht Therapeut, hatte auch nicht den Auftrag, Anja zu fördern oder zu betreuen, sondern ich war nur Stammgast in Frau Hofers Gasthaus und hatte ein paar Ideen, wie man Rechenaufgaben schnell und lustvoll lösen kann. Diese Mischung von Interesse und strenger Zurückhaltung faszinierte Anja. Selten setzte sie sich zu mir, ohne mir nicht verstohlen einen weiteren Zettel zuzuschieben. Dabei betrachtete sie mich mit forschender Neugier, und es entging ihr nicht, daß mein Interesse mit zunehmender Sammlung wuchs. Ihr Vertrauen und ihre erstaunliche Ausdauer gewährten mir wiederum einen überraschenden Panoramablick über die inneren energetischen Vorgänge, die in Kinderträumen bildlich-anschaulich zum Ausdruck kommen. Man muß jedoch wissen, daß man für derart umfassende Traumerzählungen nur die günstigen Voraussetzungen schaffen kann, man wird aber ein Kind wohl kaum dazu bewegen können, sich mitzuteilen, wenn es nicht viel Freude und Lust daran hat oder unter großem inneren Druck steht.

Teil II

Kinderträume verstehen lernen

Das Haus und das Schloß

Einführung

Die Kinder beschäftigen sich im Spiel sehr häufig mit dem Bau einer Hütte, eines Zeltes oder eines kleinen Hauses. Als Material verwenden sie Tücher, Äste, Bretter oder den Tisch und die Stühle im Wohnzimmer. Nicht selten erscheint auch ein Haus oder ein Schloß in den Kinderträumen, und wir wollen uns in diesem Kapitel die Frage vorlegen, was diese Häuserträume bedeuten könnten.

Zu allen Zeiten hat der Mensch Schutz vor der Witterung, vor Regen, Schnee, Hitze und Kälte, aber auch vor gefährlichen Tieren und Feinden gesucht. Im Ursprung boten ihm Höhlen Unterschlupf, im Lauf der Entwicklung machte er sich selber daran, sich eine schutzspendende Situation zu errichten.

Etwas Ähnliches geht im Kind vor, wenn es älter wird und nicht mehr ausschließlich von den Eltern behütet sein, sondern ein unabhängiges Geborgenheitsgefühl aufbauen möchte. Das Haus, das dann in seinen Träumen erscheint, bietet ein anschauliches Bild für dieses Bestreben. Nun kommen ganz verschiedene Häuser in den Kinderträumen vor: kleine, große, enge oder weiträumige, sichere oder baufällige, und man bringt viel über die Selbstorganisation des Kindes in Erfahrung, wenn man sich in der Vorstellung in das Haus, von dem das Kind geträumt hat, hineinbegibt und erforscht, wie man sich darin fühlt. Ein Haus, das ein Gefühl von Sicherheit vermittelt, läßt gewiß auf ein gutes Selbstwertgefühl des Kindes schließen. Kommt im Kindertraum gar ein Schloß vor, so deutet das auf eine möglichst weite und augenfällige Wirksamkeit der Selbstorganisation hin.

Nach diesen allgemeinen Bemerkungen wenden wir uns einigen Träumen aus Anjas Traumserie zu, in denen ein Haus oder ein Schloß vorkommt, und versuchen herauszufinden, ob wir möglicherweise einen Schlüssel zu ihrem Verständnis gewinnen.

Geborgenheit und Abhängigkeit

Das Gefühl der Geborgenheit verbinden wir gern mit Wärme, und das nicht von ungefähr: Die Wärme ist eine Grundbedingung für das Überleben der warmblütigen Säugetiere, und auch der Mensch ist dringend darauf angewiesen. Zu den frühesten Erfahrungen, die ein Säugling macht, gehört der Hautkontakt, bei dem die Körperwärme der Mutter, des Vaters oder einer anderen wichtigen Bezugsperson gespürt wird. Das angenehme Gefühl kann sich auch später beim Kleinkind einstellen, wenn es beispielsweise nach dem Bad auf den Schoß gehoben und mit wärmenden Kleidern versehen wird. Nicht zuletzt können gewiß die warmen Räume das Gefühl der Geborgenheit vermitteln.

Im übertragenen Sinn steht die Wärme für ein angeregtes Gefühlsleben, in dem das Kind die Nähe einer anderen Person oder sich selber stark und gut spürt. Man spricht auch von der «Nestwärme» und meint damit das behagliche Geborgenheitsgefühl, das die Eltern einem Kind vermitteln können. Mit dem Wort «Nest» ist zugleich angedeutet, daß es sich um eine sehr frühe Beziehung oder um eine Erinnerung daran handelt, die in etwa mit dem Aufenthalt der Jungvögel im Nest vergleichbar ist. Irgendwann entwickelt der junge Mensch genug Eigenwärme, kann sich der Behütung entziehen und sich selber eine schutzspendende Situation errichten, in der er sich geborgen fühlt. Damit beginnt eine innere und äußere Ablösung von den Eltern, wobei die Neugier und die Entdeckungslust das Kind immer weiter in die Welt hineinführen, das Alleinsein erträglich und die Begegnung mit anderen Kindern wünschbar erscheinen lassen.

In den Träumen, in denen ein Haus vorkommt, spielt das Errichten des eigenen Geborgenheitsgefühls eine wichtige Rolle. Natürlich muß das Kind in einem solchen Traum nicht unbedingt die Hauptrolle spielen; denn es kann ja durchaus im wirklichen Leben erfahren, wie ein älteres Geschwister oder – wie in Anjas Geschichte – der Vater die Familie verläßt, und somit ganz anschaulich das Hinaustreten aus der Familie erleben, das sich früher oder später auch in seiner Zukunft ereignen wird. Bei dieser Bewegung möchte das Kind selbstverständlich die Wärme nicht missen, und so ist es nicht weiter erstaunlich, daß sich der folgende Traum von einem neuen Haus zunächst mit der Heizung beschäftigt:

Das neue Haus (2) (9. Traum, 11 Jahre 4 Monate)
Das neue Haus des Vaters muß noch gebaut werden. Zuerst ist noch niemand auf der Baustelle. Dann sind ganz viele Arbeiter auf der Baustelle. Eine Bodenheizung mit vielen Röhren ist schon gemacht worden.

Das Traumgeschehen führt uns ein Haus vor Augen, das noch gebaut werden muß. Es soll für den Vater gebaut werden, der nun ein eigenes Leben führt und nicht mehr mit der Familie zusammenlebt. Die Baustelle ist zunächst verlassen, womit die Einsamkeit zum Ausdruck kommt, die man erfährt, wenn man in die Welt hinaustritt und ein eigenes Haus finden oder bauen soll. Mit der Verlassenheit hat es jedoch nicht sein Bewenden; denn schon bald treffen die Arbeiter ein und nehmen die Arbeit auf. Bezeichnenderweise beschäftigen sie sich zuerst mit dem Verlegen der Leitungen für die Bodenheizung. Sie spendet eine Wärme, die von unten kommt, gewissermaßen die Grundlage für ein eigenes Geborgenheitsgefühl bietet.

Jedes Detail in einem Kindertraum ist von Bedeutung, und wenn wir unser besonderes Augenmerk auf die Konstruktion der Heizung gelegt haben, so kommt das nicht von ungefähr: Eine einfache Holzheizung oder ein offenes Feuer wäre sehr elementar, das Brennmaterial würde leicht zu beschaffen sein, und in Anjas Alter können die meisten Kinder ohne Mühe ein wärmendes Feuer entfachen. In diesem Traum ist der Ofen jedoch unsichtbar, man erfährt nicht, ob die Wärme von einem Ölbrenner oder von einer Holzschnitzelheizung stammt. Mit anderen Worten könnte man sagen, daß in diesem Traumhaus die Wärme der Geborgenheit nur angelegt, also als Anlage vorhanden ist, aber noch keine Wirksamkeit entfaltet hat. Es gibt noch keinen Ofen oder Heizkörper, der bereits Wärme abstrahlt; denn das ganze Leitungs- oder Röhrensystem ist von einer noch nicht eingerichteten Versorgung abhängig, womit wir auf das Thema der Abhängigkeit zu sprechen kommen.

In den ersten Lebensmonaten ist die Abhängigkeit des Säuglings von den Eltern, vor allem von der Mutter, außerordentlich stark, das Kind könnte ohne Zuwendung und Versorgung gar nicht überleben. Es dauert mindestens ein Jahr, bevor es überhaupt auf die eigenen Beine zu stehen kommt, und auch dann kann es noch nicht allein und zielstrebig die Obhut der Eltern verlassen und sich selber versorgen.

Diese frühe und außerordentlich starke Abhängigkeit ist allen Menschen gemeinsam, sie ist nicht von einer bestimmten Kultur oder von einer individuellen Eigenart erzeugt worden, sondern sie steht ganz einfach wie eine Naturtatsache am Beginn jeder Lebensgeschichte. Wenn wir eine Fotografie betrachten, die uns als Säugling zeigt, können wir uns fast nicht mehr vorstellen, daß wir einmal so klein, hilflos und abhängig gewesen sein sollen. Dem kindlichen Erleben steht die frühe Abhängigkeit natürlich noch viel näher, und so ist es nicht weiter verwunderlich, daß die Kinderträume dieses Thema immer wieder aufgreifen.

Wenn man anfängt, die Bildsprache der Häuserträume zu lesen, tut man gewiß gut daran, auf die Verbindungen zu achten, die das Haus mit der Umgebung unterhält. Ins Auge fallen zunächst die Fenster und Türen, die den Verkehr mit der Außenwelt regeln: Ein Kind, das ein gut entwickeltes Selbstgefühl hat, wird daher ziemlich unabhängig darüber verfügen können, wen es in sein Traumhaus einläßt oder davon aussperrt, es hat gewissermaßen den Schlüssel in der Hand. Oberirdische Strom- und Telefonleitungen sind ebenfalls sichtbare Verbindungen, das Haus kann mehr oder weniger gut an ein Netz angeschlossen sein. Eine abgerissene Leitung könnte beispielsweise auf eine Störung der Kommunikation oder der sozialen Beziehungen deuten. Weniger augenfällig, auch etwas unheimlich, sind die unterirdischen Anschlüsse und Verbindungen, wie etwa Wasserleitungen und Kanalisation. Ratten können sich dort einschleichen, oder es könnte auch verborgene Geheimgänge geben, welche die Häuser miteinander verbinden, ohne daß die Bewohner davon wissen. Von diesen unterirdischen Verbindungen handelt der nächste Haustraum, den wir betrachten werden:

Unten verschweißtes Haus (20. Traum, 11 Jahre 4 Monate)
Ein großes Haus ist unten verschweißt. Vielleicht ist es ein Tramdepot? Oder ein Gefängnis? Es gibt aber auch seltsame Verbindungen zu anderen Häusern wie Schläuche. Nur die älteste Linie mit einem alten Zug wird noch geführt. Die Bahnangestellten müssen viel rennen oder mit der Trompete ein Signal geben, wenn jemand getötet wird.

Wenn wir uns in der Vorstellung in dieses Traumhaus hineinbegeben, bemerken wir, daß uns gleich der erste Satz der Traumerzählung ins Untergeschoß führt und auf den «verschweißten» Kellerboden aufmerksam macht. Man ist versucht, an einen großen Tank zu denken, dessen verschweißte Nähte das Austreten von Flüssigkeit verhindern sollen. Auf den zweiten Blick erkennen wir, daß das unheimliche Haus doch wieder nicht so hermetisch gegen die Außenwelt abgeschlossen ist: Es gibt schlauchartige Verbindungen zu anderen

Häusern, die man sich als alte Bahntunnels vorstellen könnte. Befahren wird jedoch nur noch die älteste Linie, und zwar von einem alten Zug.

Dieses große Traumhaus ist also einerseits dicht abgeschlossen und weist somit Züge eines Gefängnisses auf, unterhält aber auch schwer durchschaubare, unterirdische Verbindungen zu anderen Häusern, womit es vielleicht weniger an ein Tramdepot als an eine Untergrundbahnstation erinnert. Besonders beunruhigend wirkt, daß niemand den Verkehr des alten Zuges zu regeln scheint; denn die Bahnangestellten können ihre Arbeit nicht in aller Ruhe verrichten, sie müssen viel rennen oder mit der Trompete ein Signal geben, wenn jemand getötet wird. Insofern gleichen sie Feuerwehrleuten oder einem Notfalldienst, der offenbar das Schlimmste gar nicht mehr verhüten, sondern nur noch melden kann: Das Trompetensignal ertönt erst, wenn ein Todesfall eingetreten ist.

Natürlich wird man sich in diesem großen Traumhaus kaum wohl, geschweige denn geborgen fühlen. Man kommt sich darin zugleich eingesperrt und bedroht vor, weil man sich nicht frei und unabhängig bewegen kann. Wenn es sich um ein Gefängnis handelte, wäre man von einer Person abhängig, die einem den Ausgang aufschließt. Aber auch als Reisender könnte man nicht selbständig sein Fortkommen suchen, beispielsweise den Fahrplan studieren, ein Ziel bestimmen und einen Zug auswählen. Man wäre von einem Führer abhängig, der die tödlichen Gefahren der ältesten Linie kennt, und wäre außerdem seinen Anweisungen bedingungslos ausgeliefert; denn man hat keine Möglichkeit herauszufinden, ob er recht hat oder nicht. Aber, wie schon erwähnt, es ist niemand da, der den Verkehr regelt, und an den man sich wenden könnte. Darum ist man in diesem Traumhaus tatsächlich gefangen. Wenn man versucht, sich in Gedanken in die Traumhäuser hineinzubegeben, und dabei auf die Gefühle achtet, die geweckt werden, kann man diese Kinderträume schon etwas besser verstehen.

Als nächstes können wir uns fragen: Was hat das neue Haus

(9. Traum), das wir am Anfang des Kapitels betrachtet haben, ganz konkret mit der Lebenssituation der elfjährigen Anja zu tun? Da gibt es allerdings einen verblüffenden Zusammenhang: Immer, wenn Anja eine Einladung erhält oder auf eine Schulreise gehen sollte, bekommt sie heftige Schmerzen im Magen- und Darmbereich, die es ratsam erscheinen lassen, nicht auszugehen. Diese psychosomatischen Einbrüche haben gewiß mit den Anzeichen der Magersucht zu tun, aber auch mit einer Störung der Selbstorganisation: Außerhalb des Hauses fühlt sich Anja nicht mehr geborgen, weshalb ihr auch der Mut fehlt, neue Kontakte anzuknüpfen. Eigentlich hat sie gute Anlagen, sie ist gesprächig, neugierig und hilfsbereit, könnte also ohne Mühe Kontakt finden. Doch, wie im Traum vom neuen Haus, wo der Ofen noch nicht eingebaut ist, mangelt es ihr im konkreten Leben an Vitalität oder Anregung, um unbeschwert mit anderen Kindern zusammenzuleben. Der 20. Traum von dem unten verschweißten Haus zeichnet dieses Störungsbild noch etwas krasser: Das Gefängnis weist auf eine Isolation hin, und der Verkehr mit der Umgebung ist unterirdisch, schwer durchschaubar und bedrohlich.

Was können wir eigentlich unternehmen, wenn uns die Träume, die ein Kind erzählt, mit Sorge erfüllen? Man kann ja die Träume nicht nachträglich korrigieren oder sagen: Da hättest du besser etwas Schöneres geträumt. Sicher ist es richtig, wenn wir nicht vorschnell urteilen, sondern zunächst aktiv zuhören. Jeder Traum kann durchaus als Momentaufnahme angesehen werden, die tatsächlich mit der realen Lebenssituation zusammenhängt. Das Kind befindet sich jedoch in der Entwicklung, das heißt, man kann davon ausgehen, daß sich die Selbstorganisation andauernd verändert, und daß die nächste Momentaufnahme vielleicht bereits etwas günstiger ausfällt.

Individualität und Gemeinschaft

Jedes Kind hat eine persönliche Eigenart, spezielle Vorlieben und Abneigungen, und einen eigenen Klang der Stimme, den man sofort aus vielen Stimmen heraus erkennt. Schon früh ist seine Persönlichkeit unverwechselbar, sein Gesichtsausdruck, sein Gang, seine Haltung, nicht zu vergessen: sein Verhalten mit den typischen Reaktionsmustern. Auch Zwillinge, die sich äußerlich sehr ähnlich sehen, lernt man bald unterscheiden, weil sie eben trotz allem verschiedene Menschen mit besonderen Eigenheiten sind. Viele individuelle Eigenheiten, welche ein Kind prägen, wird man in der Gestaltung des Hauses, von welchem es träumt, mehr oder weniger deutlich wiederfinden.

In den Kinderträumen können auch mehrere Häuser vorkommen, wie wir im 20. Traum von dem unten verschweißten Haus sehen konnten. Diese Häuser sind möglicherweise miteinander verbunden, sie können aber auch, wie in der Realität, ganz einfach an der gleichen Straße stehen und dadurch von den gleichen Veränderungen betroffen werden. Sobald mehrere Häuser in einem Kindertraum erscheinen, wird es möglich herauszufinden, wie das Kind die Gemeinschaft erlebt, ob es ihm leichtfällt, sich einzugliedern und einzufügen, oder ob es Probleme mit der Anpassung hat. Individualität und Gemeinschaft sind ein wichtiges Thema im nachfolgenden Traum:

Renovationen (65. Traum, 11 Jahre 9 Monate)

Brigitte fragt: «Kommst du mit ins Schwimmbad?» Ich möchte lieber in einem See baden. Das Wasser ist dort wärmer. Brigitte fragt: «Wo ist der See?» Ich sage es ihr nicht. Ich möchte nicht gestört sein. Brigitte fragt, ob alle Häuser an der Strasse renoviert werden. Man sieht viele Geländer für Pflanzenranken. Es sollen alle Häuser einwachsen. Der Vater muß den Boden im Gasthaus isolieren. Es hupt immer, wenn jemand auftritt. Es sollte aber nur hupen, wenn jemand fest auftritt.

Zunächst gibt es in diesem Traum die einfache Gemeinschaft, wie sie zwischen Schulkolleginnen besteht: Das Mädchen Brigitte besucht die gleiche Schulklasse wie Anja und erkundigt sich, ob sie mit ihr am freien Nachmittag etwas gemeinsam unternehmen möchte, ob sie ins Schwimmbad mitkomme. Anja möchte aber lieber in einem See baden gehen, weil das Wasser dort wärmer sei, das heißt, die individuelle Vorliebe ist ihr wichtiger als die Gemeinschaft mit Brigitte. Noch deutlicher kommt die Absage an die Gemeinschaft bei der Beantwortung von Brigittes zweiter Frage zum Ausdruck: Anja verrät der Kameradin nicht, wo sich der See befindet.

Dieses Gespräch am Traumanfang ist sehr realistisch, das heißt, es könnte so ähnlich auch im täglichen Leben stattfinden: Brigitte möchte lieber etwas gemeinsam unternehmen, und Anja zieht es vor, für sich zu sein. Interessant ist es nun zu verfolgen, wie das Spannungsfeld von Individualität und Gemeinschaft auf die Häuser übertragen wird: An der Straße, an der Anja wohnt, stehen alle Häuser mehr oder weniger einzeln da, jedes Haus hat eine besondere Fassade oder, wie man auch sagen könnte, ein eigenes Gesicht. Im Traum sollen nun alle Häuser «renoviert» werden, es sind jedoch keine baulichen Veränderungen angestrebt, sondern ein Einwachsen mit Pflanzen. Man könnte sich das so vorstellen, daß alle Häuser gleichmäßig von Kletterpflanzen bedeckt werden. Das Einwachsen hätte zur Folge, daß man die Häuser kaum mehr unterscheiden könnte, sie würden alle gleich grün aussehen. Die Häuser stehen gewissermaßen für die Einzelpersonen mit ihren unverwechselbaren Eigenschaften, und das Einwachsen ist ein Bild für den natürlichen Anpassungsprozeß, der langsam, wie eine Pflanzenschicht, über die unterschiedlichen Häuser wächst und Gemeinschaft stiftet.

Diese Anpassung bereitet vielen Kindern keine Mühe, im Gegenteil: Gerade bei den Kinderkleidern läßt sich beobachten, daß die Kinder großen Wert darauf legen, den aktuellen Modeströmungen zu folgen, um möglichst gleich auszusehen und nicht aus der Reihe zu fallen. Anja dagegen lebt sehr zurückgezogen, sie fürchtet sich davor, daß sie in der Gemeinschaft nicht mehr sich selber sein könnte. Diese Angst kommt im Traum, den wir gerade betrachten, sehr deutlich zum Ausdruck: Der Vater isoliert den Boden, er baut ein Warnsystem ein. Immer, wenn jemand auftritt, hupt es. Diese Isolation erinnert an das unten verschweißte Haus des 20. Traums, in dem übrigens auch ein Warnsystem vorkommt. Die Bahnangestellten geben dort mit der Trompete ein Signal, wenn jemand getötet wird. Der Untergrund der Persönlichkeit ist offenbar nicht genügend stark, darum wird er hermetisch abgeschlossen, verschweißt oder isoliert.

Diese Traumbilder haben mit ganz realen Erfahrungen zu tun: Weil Anja nicht genügend Selbstsicherheit hat, kann es vorkommen, das ihr öfter etwas «unten durch» zugeschoben wird. Mit der anschaulichen Wendung «unten durch» meinen wir unausgesprochene, unterschwellige und starke Gefühle oder Aufforderungen, welche Anja veranlassen, etwas zu tun oder zu fühlen, was eigentlich gar nicht ihrer Art entspricht. Darum erlebt sie die Anpassung oder die Gemeinschaft auch als etwas Bedrohliches, weil sie selber darin mit ihren eigenen Gefühlen, Neigungen und Vorlieben immer wieder zu kurz kommt.

Kontakt und Loslösung

Das Haus, das in Kinderträumen vorkommt, kann nicht nur die Selbstorganisation des Kindes spiegeln, also veranschaulichen, ob es sich geborgen oder ausgeliefert fühlt, es kann ebenso deutlich zeigen, mit wem es in Kontakt steht. Wir verwenden hier ganz bewußt das Wort «Kontakt» im Unterschied zur Beziehung. Das Kind befindet sich meistens in einer langjährigen Beziehung zu einem oder zu beiden Elternteilen, während die Kontakte, die es selber mit anderen Kindern anknüpft, auch kurz, abenteuerlich, spontan und für Erwachsene manchmal unverständlich sein können.

Im Traum kann das Kind beispielsweise ein eigenes Haus besitzen und jemanden bei sich aufnehmen. Der Besucher kann jedoch auch unerwünscht sein und eindringen, oder das Haus bedrohlich umschleichen. All diese Traumbilder können den Kontakt sehr deutlich veranschaulichen und uns vor Augen führen, wie das Kind mit anderen Kindern oder mit einem Erwachsenen, der nicht zur Familie gehört, gefühlsmäßig zusammenlebt. Denkbar ist natürlich auch, daß das Kind im Traum jemanden in einem Haus besuchen geht und auf diese Weise den Kontakt im Traumzustand erfährt.

Eine Möglichkeit haben wir noch nicht erwähnt, obwohl sie in den Kinderträumen, aber auch in den Märchen häufig anzutreffen ist: Das Kind kommt im Traum vor ein leerstehendes Haus und weiß nicht, wem es gehört. Es tritt einfach ein und erlebt darin etwas Merkwürdiges. Wenn das Kind nicht allein hineingeht, ist es gewiß bedeutsam, wer es möglicherweise begleitet, oder wer ihm das Haus aufschließt. In jedem Fall weist das Zusammenleben des Kindes mit einer anderen Person im Traumhaus auf einen Kontakt hin, der eine große aktuelle Bedeutung hat, wie wir im nachfolgenden Traum sehen werden:

Harfe spielen (107. Traum, 12 Jahre 1 Monat)

Theodorakis macht ein kleines Haus auf. Man weiß nicht, wem es gehört. Darin ist eine Harfe. Er sagt zu mir, ich soll doch mal eine Melodie darauf spielen. Man müßte aber auch noch die Begleitung spielen. Das kann ich aber nicht. Aber Theodorakis hat ein Kassettengerät. Man kann die Kassette mehrmals überspielen, ohne daß man das löscht, was man aufgenommen hat. Am Schluß hat man die Melodie mit einer schönen Begleitung. Und es ist wie richtige Musik.

Theodorakis besucht die gleiche Schulklasse wie Anja. Der Sohn eines griechischen Einwanderers tritt in einundzwanzig Träumen auf. Das ist gewiß nur eine Zahl, aber sie sagt doch ziemlich deutlich aus, wie es um Anjas Kontakt zu dem Knaben steht. Theodorakis und Anja verbindet eine langjährige Freundschaft, die allen Neckereien standhält und sich durch nichts anfechten läßt. Wer Anja etwas antut, muß mit Theodorakis' Vergeltung rechnen. Der Knabe schreckt auch vor handfesten Auseinandersetzungen nicht zurück. Umgekehrt läßt Anja nichts auf Theodorakis kommen. Wann immer seine etwas schroffe, eigenbrötlerische Art kritisiert wird, bricht sie eine Lanze für ihn. Im Dorf hält man den Knaben für einen verschlossenen Einzelgänger, während sein Vater als beliebter Unterhalter der Stammgäste im Gasthaus «Sonne» gilt, aber auch erst, nachdem er ein paar Gläser Wein getrunken hat.

Diese Angaben mögen genügen, damit man sich ungefähr ein Bild von diesem Knaben machen kann, der Anja im 107. Traum ein Haus aufschließt. Es ist zwar klein, steht jedoch im Gegensatz zu den vorangegangenen Traumhäusern nicht mehr in Beziehung zum Vater. Die Loslösung von der in der frühen Kindheit angelegten, engen Bindung an den Vater kann man als weitgehend abgeschlossen betrachten, während der Kontakt mit gleichaltrigen Kindern zunehmend an Bedeutung gewinnt. Man weiß zwar nicht, wem dieses kleine Traumhaus gehört; sicher ist nur, daß darin keine Abwehrhaltung gegenüber der Umgebung, sondern eine große Aktivierung von Anjas kreativen und musischen Fähigkeiten entwickelt wird.

Zwischen dem 9. Traum vom neuen Haus und dem 107. Traum von der Harfe, den wir soeben betrachtet haben, sind neun Monate verstrichen, die für Anjas Entwicklung und ihre Selbstorganisation besonders bedeutsam waren: In dieser Zeit mußte sie die Trennung vom Vater verarbeiten, sich aber auch von der allzu engen Mutterbindung loslösen. Große und wichtige Bewegungen in der kindlichen Seele erfordern viel Raum, und so ist es nicht weiter verwunderlich, daß im Traum, mit dem wir uns nun beschäftigen, ein Schloß den Rahmen für das Geschehen abgibt:

Im Schloß (115. Traum, 12 Jahre 2 Monate)

Die Mutter hat ein Schloß. Sie zeigt mir und Theodorakis ein Video. Auf dem Bildschirm sieht man den Lehrer. Er redet mit vollem Mund. Er erzählt vom Schloß. Ein Vorfahre der Mutter ist noch einmal davongekommen. Die Mutter schaltet das Video aus. Ich frage, wie das früher gewesen ist. Wir sitzen an einem langen Tisch und essen. Die Mutter sagt mit vollem Mund: «Es ist alles gut.» Dabei ärgert sie sich über eine Servierfrau, die immer alles vergißt. Die Servierfrau wirft die Schürze weg und ruft: «Ich gehe nach Afrika.» Das würde der Mutter auch gefallen, auf und davon nach Afrika.

Das Schloß im Traum gehört bezeichnenderweise Anjas Mutter. Die Kinder haben sehr feine Antennen, und deshalb bleibt es der Tochter auch nicht verborgen, daß die Mutter noch immer nicht mit der Situation versöhnt ist, daß ihr Mann sie verlassen hat und jetzt mit der ehemaligen Servierfrau zusammenlebt. Es fällt auf, daß gleich zwei Erwachsene in diesem Schloßtraum mit vollem Mund reden: Da ist zunächst der Lehrer auf dem Video, der mit vollem Mund die Geschichte des Schlosses erzählt. Auch die Mutter sagt mit vollem Mund, daß alles gut sei. «Den Mund voll nehmen» kennen wir als sprichwörtliche Redensart, und man will damit ausdrücken, daß jemand zuviel verspricht oder angibt. Wenn nämlich wirklich alles gut wäre, könnte die Mutter durchaus großzügig sein und sich über die vergeßliche Servierfrau amüsieren, ohne sich zu ärgern. Offenbar wird auch die Glaubwürdigkeit des Lehrers, der vom Vorfahren der Mutter erzählt, angezweifelt, sonst würde er nicht mit vollem Mund auf dem Video erscheinen.

Obwohl es mit der Herrlichkeit in diesem Traumschloß nicht so weit her ist, und man sich gar nicht so recht königlich darin fühlen will, handelt es sich doch um einen bedeutsamen Traum mit einer großen und wichtigen Bewegung, die wir besonders sorgfältig nachzeichnen wollen; denn das Schloß ist kein gewöhnliches Gebäude: Königinnen, Könige und das Schloß spielen nicht nur in den Märchen eine wichtige Rolle, sie standen über viele Jahrhunderte hinweg im Mittelpunkt des gesellschaftlichen und politischen Lebens, und auch heutzutage bleibt die Öffentlichkeit nicht gleichgültig, wenn beispielsweise im englischen Königshaus Hochzeiten oder Trennungen stattfinden.

Damit wir verstehen können, was das Schloß in einem Kindertraum möglicherweise bedeutet, gehen wir am besten in der Phantasie einmal hinein und sehen uns um. Offenbar befinden wir uns im 115. Traum im Eßsaal, der einige Verwandtschaft mit dem Restaurant von Anjas Mutter aufweist: Es gibt dort eine Servierfrau, einen langen Tisch und auch einen Bildschirm. Wie wir schon ausführten, ist das Schloß ein bedeutsamer Ort, und darum sind auch alle Personen, die sich darin aufhalten, von großer Bedeutung. Es lohnt sich daher, wenn wir genau hinschauen, wer am langen Tisch sitzt: Anja ißt nicht allein mit der Mutter, es gibt noch einen stillen Gast, der nur ganz kurz am Anfang der Traumerzählung erwähnt wird, nämlich Theodorakis. Daß auch er im Schloß erscheint, zeigt auf, wie wichtig der Kontakt für Anja ist.

Nachdem Anjas Vater mit der Servierfrau Claudia Cairoli das Gasthaus verlassen hatte, stellte Frau Hofer keine neue Serviertochter mehr ein. Die Servierfrau im 115. Traum enthält darum wohl eine Erinnerung an die Zeit vor der Trennung, und man kann sich fragen, warum die Servierfrau im bedeutsamen Schloßtraum noch auftritt, während eine so wichtige Bezugsperson wie der Vater fehlt. Bei genauerem Hinsehen entdeckt man, daß die väterlichen Figuren doch nicht vollständig ausgespart sind: Sie sind auf dem Video durch den Lehrer und den Vorfahren der Mutter vertreten.

Das wichtigste an der Schloßgeschichte, die der Lehrer erzählt, scheint die Tatsache zu sein, daß der Vorfahre noch einmal davongekommen ist. Damit kommt der Lehrer auf ein Thema zu sprechen, das sich wie ein roter Faden durch den 115.

Traum zieht: das Weggehen, das Davonlaufen, mit anderen Worten: die Loslösung. Die Servierfrau wirft die Schürze weg und sagt, daß sie nach Afrika gehen werde. Am Schluß des Traums kommt zum Ausdruck, daß auch die Mutter am liebsten davonlaufen würde. Wir haben schon erwähnt, daß der Lehrer und die Mutter mit vollem Mund reden, also ein bißchen von der lächerlichen Seite gezeigt werden. Das ermöglicht der Träumerin, sich zu distanzieren, die enge Mutterbindung aufzulösen, und auch die Angst, die Anja vor dem Lehrer hat, zu mildern. In diesem wichtigen Loslösungsprozeß steht Anja nicht allein da, sie wird von Theodorakis begleitet. Er ist die einzige Person im Traumschloß, die nicht davonläuft oder die Haltung verliert.

Diese Ausführungen mögen dazu dienen, die besondere Bedeutung des Schlosses, das in Kinderträumen erscheint, zu erkennen. Noch ein Hinweis: Bei der Beschäftigung mit Kinderträumen kann es uns häufig so ergehen, daß vielleicht gerade das, was uns am meisten interessiert, nicht unmittelbar ins Gesichtsfeld rückt. In diesem Fall tut man gut daran, sich alle Einzelheiten des Traums genau vorzustellen, und zwar so, als möchte man den Traum malen oder daraus einen Film machen. Wir gehen in der Phantasie zum Beispiel in das Traumhaus oder das Traumschloß, von dem das Kind geträumt hat, wie in ein wirkliches Gebäude hinein und versuchen, uns jede Einzelheit genau vorzustellen. Bei diesem Vorgang, den man auch Visualisieren nennt, werden die Sätze der kindlichen Traumerzählung von uns neu in Bilder umgesetzt. Wir erleben dadurch den Traum gewissermaßen nach und können, wenn wir auf unsere Gefühle achten, die Ängste und Nöte, aber auch die im Unbewußten heranreifenden Entwicklungsschritte begreifen lernen.

Das Wasser

Einführung

Das Wasser übt eine starke Faszination auf die Kinder aus, bereits ein mit Wasser gefülltes Plastikbecken kann sie zu stundenlangem Spiel verleiten. Man wird selten einem Kind begegnen, das achtlos an einem Brunnen, einem kleinen Rinnsal im Wald, einem Gießbach, einem Fluß oder an einem See vorbeigehen wird. Das Wasser ist sehr beweglich, es reagiert auf die feinste Berührung mit der Fingerspitze, man kann damit spritzen. Das Wasser kann man aber auch nicht zurückhalten, es folgt unbeirrbar dem Gefälle, fließt oder fällt hinunter, es läuft aus, versiegt oder verdunstet. Wenn man es staut, findet es immer neue Auswege, es sickert zwischen den Steinen hindurch oder bringt eine kleine Staumauer, die ein Kind möglicherweise aufgeschichtet hat, zum Einsturz.

Alle Lebewesen brauchen Wasser, und wenn wir nach einem langen, heißen Weg zu einem Brunnen kommen und ungeniert wie ein Kind von der Röhre trinken, spüren wir seine belebende und erfrischende Wirkung. Erfrischend und wohltuend wirkt auch ein Bad, man fühlt, wie das Wasser die Haut von allen Seiten umschließt, wie es mit unserer Bewegung mitschwingt und zugleich einen Teil unseres Gewichts abnimmt, so daß wir uns in allen Lagen frei drehen und wenden können, ohne zu stürzen. Wir können auch aus großer Höhe ins Wasser springen, ohne uns zu verletzen. Das Bad kann auch eine reinigende Wirkung haben: Schweiß und Staub werden von der Haut weggespült, und wenn man unter der Hitze der Sonne gelitten hat, kann das Wasser angenehm kühlen.

Über all diesen wohltuenden und belebenden Wirkungen

darf man nicht vergessen, daß das Wasser auch gefährlich sein kann: Kinder, die an einem Fluß oder an einem See aufwachsen, müssen sehr früh das Schwimmen lernen, damit sie bei einem allfälligen Sturz ins Wasser nicht ertrinken. Ein kleiner, unscheinbarer Weiher kann für zweijährige Kinder, die nicht begleitet sind, Ertrinkungsgefahr bergen. Außerdem hört man in den Nachrichten immer wieder von Hochwasserkatastrophen: Bergbäche schwellen nach einem Unwetter an, verlassen das Bett und zerstören die Dörfer und die Landschaft, Flüsse treten über die Ufer, überschwemmen ein Gebiet und reißen Menschen und Tiere, die sich nicht rechtzeitig in Sicherheit bringen konnten, in den Tod.

Aus Anjas Traumserie habe ich einige Träume ausgelesen, in denen das Wasser eine wichtige Rolle spielt. Wir werden im folgenden vor allem darauf achten, wie sich Anja, andere Personen oder Tiere im Wasser bewegen. Ob sich ein Kind im Traum gesund und munter wie ein Fisch im Wasser tummelt, ob es sich gut oder knapp über Wasser hält, kann viel über seine Lebensbewältigung aussagen; denn sowohl die aktive Unternehmungslust als auch die Schüchternheit haben tiefere Gründe, die in den Kinderträumen zum Ausdruck kommen.

Unternehmungslust und Schüchternheit

Aktiv, dynamisch sein, ein gutes Durchsetzungsvermögen haben, den Kopf hoch halten, viele neue Ideen entwickeln und durchspielen – das sind alles Eigenschaften, die momentan in der Gesellschaft hoch im Kurs stehen, und die Eltern wünschen natürlich, daß ihr Kind schon möglichst früh Anzeichen dieser Unternehmungslust zeigt und das Leben möglichst aktiv bewältigt. Wenn es sich jedoch herausstellt, daß das Kind im Kindergarten oder später in der Schule schüchtern oder passiv ist, machen sie sich große Sorgen über die weitere Entwicklung.

Nicht nur im Kindergarten und in der Schule kann man die

Lebensbewältigung eines Kindes beobachten, sondern auch anhand seiner Träume: Immer wieder erscheint das Wasser in den Kinderträumen, und die gefühlsstarken Erlebnisse und Erfahrungen, welche den Traum prägen, geben uns ein eindrückliches Bild vom aktuellen Stand der Lebensbewältigung eines Kindes. Es kann sich dabei im Traum selber im Wasser aufhalten, oder es kann auch miterleben, wie es einer anderen Person oder einem Tier darin ergeht. Im 13. Traum aus Anjas Traumserie, mit dem wir uns als nächstem beschäftigen, achten wir deshalb besonders auf die Vögel, die anfangen, unter Wasser zu leben:

See (13. Traum, 11 Jahre 4 Monate)

Ein See ist es nicht, aber ein überschwemmtes Land. Das Wasser ist klar und schön grün. Ringsum sind Schneeberge. Ich zeichne dort. Theodorakis macht die Kehrichtabfuhr. Die Vögel fangen an, unter Wasser zu leben. Und die Fische spritzen den Insekten Wasser an die Flügel, um sie zu fangen.

Seit der Überschwemmung muß einige Zeit vergangen sein; denn das Wasser ist nicht mehr trüb und reißend, aber es hat einen weiten See gebildet, der möglicherweise bis zu den Schneebergen reicht. Die Schönheit des klaren und grünen Wassers kann nicht darüber hinwegtäuschen, daß viele Landtiere, darunter auch die Vögel – die nicht als typische Wasservögel beschrieben sind – ihren Lebensraum verloren haben. Um den Traum besser zu verstehen, versuchen wir, uns möglichst konkret einen Singvogel, zum Beispiel eine Amsel, vorzustellen, die ins Wasser gefallen ist. Wenn wir die Amsel an einem Vogelbrunnen beobachten, können wir sehen, daß sie nach dem kurzen Bad sehr heftig die Flügel schlägt und die Federn aufplustert. Der Grund ist einfach: Sie möchte das Wasser abschütteln, damit das Federkleid leicht wird.

Die Federn der Enten sind mit einer besseren Fettschicht geschützt. Außerdem halten die Wasservögel beim Tauchen die Flügel eng an den Körper geschmiegt, sie steuern und bewegen sich mit den Schwimmflossen fort, die der Amsel natürlich fehlen. Mit anderen Worten: Wenn die Amsel anfangen würde, unter Wasser zu leben, so könnte sie sich gar nicht richtig bewegen. Ihre großen Flügel und Schwanzfedern würden sehr schwer, und das Wasser würde ihrer Muskulatur zu großen Widerstand entgegensetzen. Sie könnte sich nur in der Strömung treiben lassen.

Ähnlich ergeht es den Insekten, möglicherweise den Mücken, die über dem Wasserspiegel tanzen: Die Fische spritzen Wasser an ihre Flügel, machen sie schwer und flugunfähig, worauf sie von den Fischen verschlungen werden. Das Wasser wirkt im 13. Traum nicht als belebendes Element, man erlebt sein Gewicht, die niederziehende Wirkung, gewissermaßen auch die Hemmung, die man erfährt, wenn man im brusttiefen Wasser zu laufen versucht. Die Vögel fliegen nicht mehr leicht durch die Luft, ihre Bewegungsfreiheit ist unter Wasser drastisch eingeschränkt, für die fliegenden Insekten hat das Wasser gar eine todbringende Wirkung.

Dieser Traum ist gewiß beunruhigend, um so mehr, als die Träumerin keinen Versuch unternimmt, einen Vogel oder ein Insekt zu retten. Sie ist einfach am Ufer und zeichnet, das heißt, sie registriert die Vorgänge, die sich im überschwemmten Gebiet ereignen, ohne einzugreifen. Von Unternehmungslust, von aktiver Lebensbewältigung ist im 13. Traum wenig zu spüren, man gewinnt eher den Eindruck einer umfassenden Hemmung oder Lähmung und möchte daher erfahren, wie es sich im täglichen Leben mit Anjas Lebensbewältigung verhält, damit man den Traum besser verstehen kann.

Wir haben bereits festgestellt, daß sich die Vögel nicht in ihrem eigentlichen Element, der Luft, bewegen, sondern untergetaucht sind, also im Wasser ein äußerst beschwerliches Leben führen müssen, das nicht ihrem Körperbau entspricht. Das Wasser bietet den leichten Flügeln Widerstand und schränkt demzufolge die Bewegungsfreiheit stark ein. Starke Hemmungen lassen sich auch bei Anja beobachten: Zum Umstand, daß sie ziemlich ungern freiwillig das Haus verläßt, kommt hinzu, daß sie im Kontakt mit Kindern oder Erwachsenen eine ausgesprochene Schüchternheit an den Tag legt, die gar nicht so recht zu den lebhaften Augen, aus denen viel heimlicher Schalk sieht, passen will.

Wodurch ist eigentlich die kindliche Schüchternheit gekennzeichnet, und wie kann sie in Kinderträumen zum Ausdruck kommen? Das augenfälligste Merkmal ist gewiß eine gedämpfte, herabgesetzte Unternehmungslust. Schüchterne Kinder mögen vielleicht im vertraulichen Gespräch viele interessante Einfälle und Ideen äußern, wenn es aber darum geht, sie in die Tat umzusetzen und andere Menschen dafür zu begeistern und zu gewinnen, sind ihnen die Hände gebunden. Sie unternehmen sehr wenig, um aktiv auf andere Menschen zuzugehen, sie geben auch selten spontan einem Bewegungsdrang nach. Deshalb wirken schüchterne Kinder ungleich schwerfälliger oder verhaltener als unternehmungslustige, und ihr Leistungsvermögen, aber auch ihr Spielverhalten sind schwer zu beurteilen. Äußerlich erwecken die schüchternen Kinder den Eindruck, als würden sie sich kaum für etwas begeistern oder interessieren können.

Obwohl Anja ein sehr schüchternes Mädchen ist, nimmt sie an allem, was rund um sie herum geschieht, regen Anteil, was aber im täglichen Leben nie richtig zum Tragen kommt, weil sie den größten Teil ihrer Freizeit allein in ihrem Zimmer oder im verborgenen hinteren Teil des Restaurantgartens verbringt. In der Schule wirkt sich die Schüchternheit so aus, daß Anja in Fächern, in denen sie eigentlich gut begabt wäre, im Turnen, Singen und im Sprachunterricht, mutlos oder sehr gehemmt erscheint.

Im 34. Traum, den wir gleich betrachten werden, scheint auch Anjas Vater allen Mut verloren zu haben. In der Realität ist er ein sehr vitaler und selbstbewußter Mann, und man kann sich fast gar nicht vorstellen, daß er aus irgendeinem Grund den Kopf hängen lassen sollte.

Insel (34. Traum, 11 Jahre 6 Monate)

Ich bin mit dem Vater an einem Fluß. Wir sind die einzigen, die zu einer Insel hinüberschwimmen können. Wir nehmen aber noch andere Kinder mit. Der Vater bekommt für seine Mutsprünge viel Geld. Es hat da Gitterstäbe über dem Wasser. Er muß einen Kopfsprung durch die Gitterstäbe machen. Aber jetzt getraut er sich nicht mehr. Nicht einmal einen einfachen Sprung. Er traut sich nichts mehr zu.

Anja und ihr Vater unternehmen am Traumanfang etwas recht Mutiges: Sie schwimmen durch den Fluß zu einer Insel hinüber, was offenbar keine gewöhnliche Schwimmstrecke ist; denn sie sind, gemäß der Traumerzählung, die einzigen, die an dieser Stelle zu schwimmen wagen. Zugleich übernehmen sie eine große Verantwortung, weil sie auch noch andere Kinder führen. Von ihnen wird also erwartet, daß sie einige Sicherheit vermitteln können, aber auch, daß sie mit den Gefahren und den Strömungen des Flusses vertraut sind.

Viel Mut braucht der Vater außerdem für seine Sprünge durch die Gitterstäbe, die gut honoriert werden, ihm demzufolge gewiß eine große Anerkennung bringen. Beim Sprung durch die Gitterstäbe denkt man natürlich auch an das Ausbrechen aus einem Gefängnis. In der Realität konnte sich Anjas Vater am Geburtsort der Mutter, wo sich die Familie Hofer niedergelassen hatte, nie recht wohl fühlen, weshalb er die Trennung eher als Befreiung erlebte und ziemlich unbelastet überstand. Im zweiten Teil der Traumerzählung erscheint der Vater jedoch mutlos, von einem Sprung durch die Gitterstäbe kann keine Rede mehr sein; aber auch für einen ganz einfachen Sprung fehlt ihm der Mut.

In diesem Traum ist der Zusammenhang der Lebensbewältigung mit dem Motiv des Wassers, dem Schwimmen und

Springen besonders deutlich zu sehen. Interessanterweise stehen sich die gute, aktive Lebensbewältigung und eine unbegreifliche Hemmung oder Niedergeschlagenheit unmittelbar gegenüber. Wir können uns nun fragen, woher es kommt, daß der Vater im zweiten Traumteil ganz anders als in der Realität auftritt, was dieser plötzliche Verlust des Muts mit Anjas ganz konkreter Lebenssituation zu tun haben könnte.

Die Kinder träumen oft von ihren Eltern, und sie sehen sie häufig etwas anders im Traum, als sie in der Wirklichkeit sind. Wir werden diese erstaunliche Feststellung in den Kapiteln «Die Mutter und das Kind» und «Der Vater und das Boot» ausführlich behandeln. Für den Augenblick mag es genügen, darauf hinzuweisen, daß der Vater in Anjas Träumen gewissermaßen die Loslösung aus den engen Familienbindungen vorlebt, eine Aufgabe, der sich das elfjährige Kind aktiv stellen muß.

Im täglichen Leben fehlt Anja tatsächlich der Lebensmut: Sie hat in der Schule Angst, vor der Klasse zu sprechen, und außerdem eine unangemessen große Prüfungsangst. Die Mutter muß alle Überredungskünste aufbieten, wenn sie erreichen möchte, daß Anja auch einmal einen freien Nachmittag außerhalb des Hauses oder des Gartens verbringt, oder daß sie zu ihrem Vater ins Berner Oberland reist. Wie der Vater im Traum traut sich Anja in der Realität einfach nichts mehr zu. War das früher anders oder zeigt der erste Traumteil ein Potential, das nie ins Leben trat wegen der Blockierung der Selbstorganisation?

Ein einzelner Traum kann manchmal das Bild einer Situation besonders deutlich, aber auch sehr kraß zeichnen, so daß die Eltern großen Anlaß zur Sorge haben und sich fragen, wie das Kind aus diesem Tief herauskommen soll. Eine Möglichkeit besteht darin, daß man den einzelnen Traum mit seiner erschreckenden Botschaft zwar ernst nimmt, aber auch als eine Art Momentaufnahme betrachtet. Das heißt, man kann hoffen, daß sich in der kindlichen Selbstorganisation etwas ändert und daß folglich auch die Träume anders werden. Kehrt hingegen das Bild der Mutlosigkeit immer wieder, und erscheint kein

Hoffnungsschimmer im kindlichen Traumgeschehen, so muß man eine ernsthafte Störung der Selbstorganisation befürchten und möglicherweise eine therapeutische Behandlung des Kindes ins Auge fassen.

Kontrolle und Vertrauen

Ein Sprichwort besagt: «Vertrauen ist gut, Kontrolle ist besser.» Damit ist wohl gemeint, daß es zwar sehr gut sei, Vertrauen zu schenken, aber um sicherzugehen, daß in unserem Sinn gehandelt wird, sollten wir auch eine Kontrolle durchführen. Nicht selten erlebt man ja leider, daß man jemandem etwas zu blauäugig vertraut hat und getäuscht wird. So mag es wohl hin und wieder angebracht sein zu kontrollieren, ob das Vertrauen gerechtfertigt ist. Wir möchten im folgenden untersuchen, welche Bedeutung Kontrolle und Vertrauen im kindlichen Erleben haben.

Die Gewichtskontrolle hat in unserer Gesellschaft eine große Bedeutung erlangt, weil nicht nur Frauen und Männer, sondern bereits auch Kinder an einem etwas merkwürdigen Schlankheitsideal gemessen werden. Dieses Schlankheitsideal mag hochgewachsenen, schlanken Staturen angemessen sein, problematisch dagegen wird es, wenn sich ein eher rundlicher, gedrungener Körperbau diesem Ideal unterwerfen soll. Die Eltern sollten daher, wenn sie das Gewicht der Kinder kontrollieren, große Sorgfalt üben; denn bei einer zu strengen Gewichtskontrolle besteht vor allem für Mädchen die Gefahr, daß sie aus übertriebenem Pflichtbewußtsein zur Magersucht oder zu schweren Eßstörungen neigen. Möglicherweise haben die Anzeichen von Anjas Magersucht auch in der rigiden Gewichtskontrolle ihre Ursache; wir werden die Berechtigung dieser Vermutung im folgenden bei der Besprechung des 47. Traums erwägen.

Zunächst möchten wir uns die Bedeutung des Vertrauens im Zusammenhang mit dem Erleben des Wassers vergegenwärtigen: Vertrauen braucht das Kind, damit es sich überhaupt ins

Wasser wagt, vor allem ins tiefere Wasser, in welchem es nicht jederzeit sicher stehen kann. Natürlich begibt es sich auch lieber mit Menschen, denen es vertraut, ins Wasser. Bei dieser Vorliebe läßt es sich nicht nur vom Bedürfnis nach Sicherheit leiten; denn das umschließende Wasser hat einen besonders verbindenden Charakter, und deshalb möchte das Kind lieber das Bad mit Personen teilen, deren Nähe es gern aufsucht. In Kinderträumen, in denen ein Bad vorkommt, finden wir daher auch weitreichende Hinweise über die Qualitäten der Beziehungen.

Nach diesen einleitenden Bemerkungen werden wir den merkwürdigen 47. Traum, den wir gleich wiedergeben, wohl etwas besser verstehen:

Kirschtorte und Uhr (47. Traum, 11 Jahre 7 Monate)

Ich singe ein Lied in der Schriftsprache. Da wird es komisch. Vor einem Fest bekomme ich eine Kirschtorte, die ich den Eltern bringen will. Der Vater und die Mutter schlafen in der Badewanne. Später stehen sie auf. Die Mutter sagt: «Wir haben abgemacht, daß wir nichts zwischen den Mahlzeiten essen. Außerdem bleiben die Tortenstücke noch lange so, wie sie sind.» Das glaube ich aber nicht. Tatsächlich rutschen die Tortenstücke hinunter. Der Vater hat auf meine Uhr eine Halbkugel gemacht. Darin gluckst so etwas Flüssiges. Auf die Uhr ist eine Kamera gerichtet, die ihre Pünktlichkeit kontrolliert. Die Halbkugel ist so wie eine Sternwarte. Man kann sie aber wegklappen.

In diesem Traum begegnen wir tatsächlich einer Regel, mit welcher die Gewichtskontrolle unterstützt werden soll: «Wir haben abgemacht, daß wir nichts zwischen den Mahlzeiten essen.» So nützlich diese Regel auch sein mag, um das Gewicht zu kontrollieren – wenn sie zu streng angewendet oder gehandhabt wird, bekommt sie etwas lebensfeindliche und lustzerstörende Züge. Sicher steht sie im Gegensatz zum vitalen und spontanen Leben, das vor allem bei Kindern viel mit dem Essen zu tun hat.

Dieser Einbruch in die vitale Lebenslust kommt im 47. Traum tatsächlich vor: Die Mutter und der Vater sind zwar zusammen in der Badewanne, sie unterhalten sich jedoch nicht angeregt, sondern schlafen. Der Traum hat hier eine unmißverständlich klare Bildersprache: Die Beziehung der Eltern ist eingeschlafen. Wir haben hier nicht vor, gewissermaßen durch das Schlüsselloch von Anjas Träumen ins Eheleben von Herrn und Frau Hofer zu gucken. Für uns ist nur interessant zu sehen, wie die lustzerstörende Haltung des Kindes im 47. Traum in Verbindung mit dem zu der Zeit nicht mehr existierenden Zusammenleben der Eltern gebracht wird.

Der zurückhaltende Umgang mit Lust und Gelüsten, daß man gelegentlich wartet, einen Genuß aufschiebt, wäre eigentlich nichts Außergewöhnliches. Früher oder später muß jedes Kind lernen, daß es nicht sofort alles bekommen kann. Bemerkenswert ist jedoch an diesem Traum der Widerspruch zwischen der Aussage der Mutter, daß die Torte noch lange gut erhalten bleiben würde, und dem nicht näher umschriebenen Ereignis, daß die Tortenstücke abrutschen und somit definitiv verlorengehen. Offenbar wird der Aufschub oder das Gewöhnen an feste Essenszeiten zu streng gehandhabt, so daß Anjas kindliche Lust sowie der gesunde Appetit Schaden nehmen.

Der 47. Traum endet jedoch nicht mit dem Verlust der Kirschtorte. Das Thema des Aufschubs oder der kontrollierten Essenszeit wird in neuer Form aufgegriffen und bearbeitet: Auf Anjas Uhr ist eine Kamera gerichtet, welche die Pünktlichkeit kontrolliert. Der Vater relativiert mit einem halbkugelartigen Aufsatz die Strenge dieser Kontrolle; denn Anja kann die Halbkugel jederzeit hinunterklappen und auf diese Weise die Kontrolle unterbrechen. Diese Halbkugel wird in der Traumerzählung mit einer Sternwarte verglichen, sie hat also Bezüge zu übergeordneten, kosmischen Zeitstrukturen, während die Uhr ja nach der irdischen Ortszeit gerichtet wird. Zugleich enthält die Halbkugel etwas Flüssiges, das möglicherweise die vitale

Lebenslust zum Ausdruck bringen könnte, was auch mit dem Wort «glucksen» angedeutet wird.

In diesem Traum zeichnet sich also eine Änderung von Anjas Selbstorganisation ab: Die zu strenge Gewichtskontrolle ist nicht durchwegs wirksam, Anja kann selber entscheiden, wann sie sich der Kontrolle unterwerfen und wann sie übergeordneten vitalen Bedürfnissen Raum geben will.

Was die Flüssigkeit, die im 47. Traum in der Halbkugel gluckst, möglicherweise bedeuten könnte, können wir anhand der Traumerzählung nicht näher bestimmen, und es macht auch wenig Sinn, Vermutungen darüber anzustellen. Allerdings besteht die Möglichkeit, daß uns vielleicht ein Kind mehrere Träume erzählt, und daß wir dadurch ein Motiv von ganz verschiedenen Seiten kennenlernen. Wie dem auch immer sei, wir wollen sehen, welche Ergebnisse die Beschäftigung mit dem 53. Traum zeigt, den Anja ungefähr einen Monat später träumte:

Im Warenhaus (53. Traum, 11 Jahre 8 Monate)

Es hat Kameras. Sie sind auf alle Verkäuferinnen und Kunden gerichtet. Man sieht viele Bildschirme. Drei Fotografien sind nicht gelungen. Sie sind doppelt belichtet. Ich sehe im Wasser immer einen Mann und eine Frau. Man sieht nur Grüntöne und Lichtflecken. Eine Verkäuferin ist stolz darauf. Sie hat sie entwickelt.

Der 47. und der 53. Traum haben einiges gemeinsam: Im Wasser, das Anja auf den Fotografien des 53. Traums sieht, sind immer ein Mann und eine Frau, möglicherweise ein Paar oder viele Paare. Im 47. Traum sind Anjas Eltern in der Badewanne. Außerdem erscheint auch in diesen beiden Träumen eine kontrollierende Kamera: Im 47. Traum ist sie auf die Uhr gerichtet, im 53. Traum auf die Verkäuferinnen und Kunden im Warenhaus. So, wie im 47. Traum die Halbkugel mit der glucksenden Flüssigkeit eine etwas rätselhafte Angelegenheit bleibt, können wir auch beim Betrachten des 53. Traums nicht unmittelbar erkennen, welche Bedeutung den doppelt belichteten Fotografien, auf denen nur Grüntöne und Lichtflecken zu sehen sind, zukommt. So, wie die Traumerzählung die Fotografien beschreibt, könnte man an einen Wald denken, durch dessen Laubdach Licht einfällt, oder an einen See mit Wellen, die mit dem Licht spielen. Wie auch immer die zugrunde liegende Vorstellung beschaffen sein mag – Anja erzählt, daß sie im 53. Traum im Wasser immer einen Mann und eine Frau sieht.

Wir vergleichen den 47. und den 53. Traum miteinander, um zu veranschaulichen, wie sich die Entwicklung der kindlichen Selbstorganisation auch in den Träumen spiegeln kann: Zunächst sieht Anja im 47. Traum die Eltern in der Badewanne. Sie sind eingeschlafen. In der Realität ist die Partnerschaft nicht nur eingeschlafen, sie existiert nicht mehr. Dafür spielt die Kontrolle eine wichtige Rolle: Man soll nicht zwischen den Mahlzeiten essen, und die Pünktlichkeit der Uhr wird von einer Kamera kontrolliert.

Im 53. Traum findet eine Erweiterung der Perspektive statt: Es kommen viele Kameras vor, nicht nur eine wie im 47. Traum; dementsprechend gibt es natürlich auch viele Bilder oder viele Sichtweisen. Während im 47. Traum nur die eigenen Eltern als Paar in Erscheinung treten, sieht Anja im 53. Traum immer einen Mann und eine Frau, möglicherweise sogar viele Paare, sicher aber ein unbekanntes Paar, das nicht zum engen Beziehungssystem der Familie gehört.

Die unbekannte Verkäuferin am Ende des Traums ist stolz auf die entwickelten Fotografien. Wir können dieses Traumende so verstehen, daß eine Entwicklung in Anjas Selbstorganisation stattgefunden hat, auf welche sie stolz sein kann: Die Sicht ist nicht mehr auf die Paarbeziehung der Eltern beschränkt, die ja «eingeschlafen» ist, sondern auf eine außerfamiliäre Beziehungsmöglichkeit erweitert worden.

Was bedeutet diese Erweiterung, die in den Träumen zum Ausdruck kommt, für Anjas ganz konkrete Lebenssituation im weiteren Sinn? Die Freundschaft zwischen Anja und Theodorakis entwächst allmählich den Kinderschuhen, das heißt, sie entwickelt sich zu einer altersentsprechenden Beziehung, welche die Ablösung von der engen Mutterbindung erleichtert oder erst möglich macht. Der 106. Traum, den wir als nächsten betrachten, weist deutlich in diese Richtung:

Badekleid (106. Traum, 12 Jahre 1 Monat)
Ich kaufe ein Badekleid. Ich sage zu Theodorakis, er soll sich auch neue Badehosen kaufen.

In diesem Traum ergreift Anja zum ersten Mal die Initiative: Sie kauft ein neues Badekleid und schlägt auch Theodorakis vor, sich neue Badehosen zu besorgen. Offenbar beabsichtigt sie, mit ihm baden zu gehen, aber es soll anders sein als früher; denn sie möchte, daß sich beide in neuen Badekleidern präsentieren. Damit ist, vorderhand wenigstens in ihrem Traum, ein erster Schritt in die Richtung der aktiven Lebensbewältigung getan. Wir konnten übrigens auch feststellen, daß das Thema der Lebensbewältigung in Anjas Träumen auffällig häufig in Verbindung mit dem Motiv des Wassers erschien.

Wie es auch im wirklichen Leben mit dem Kauf von Badehosen nicht getan ist, um der Beziehung einen neuen Glanz zu verleihen, oder um sich im Wasser sicherer zu bewegen, so bereitet sich auch in Anjas Träumen eine konkretere Umsetzung der in Gang gebrachten Bewegung an. Es muß nicht durchwegs so sein, aber man hat doch einigen Grund zur Vermutung, daß die einzelnen Träume aufeinander bezogen sind, und daß sich daher ein Thema wie ein roter Faden durch eine kindliche Traumserie ziehen kann. Im Fall von Anja geht es in den Träumen, aber auch in der Realität darum, daß sie im Bereich der Lebensbewältigung eigenaktiv wird und sich im Spannungsfeld von Vertrauen und Kontrolle sicherer und selbständiger zu bewegen lernt. In ihren Träumen bearbeitet die Selbstorganisation dieses Thema vor allem in Verbindung mit dem Bad, dem Schwimmen und dem Tauchen. Besonders anschaulich kommen verschiedene Seiten der Lebensbewältigung im 114. Traum zum Ausdruck:

Im Tauchbecken (114. Traum, 12 Jahre 2 Monate)
Ich löse ein Billett für eine große Schwimm- und Badeanlage. Herr Bertschinger und Theodorakis sind die Bademeister. Herr Bertschinger fragt den Theodorakis spöttisch: «Ja, was hast du schon geleistet?» Ich schwimme und tauche in verschiedenen Becken. Herr Bertschinger sagt Theodorakis, auf was er schauen muß, wenn er das Wasser einläßt. Sie sind bei einem Becken nebenan. Herr Bertschinger staunt über eine Chinesin. Ihre Töchter steigen in Taucheranzügen ins Wasser. Ich springe in ein Tauchbecken, tauche ganz tief hinunter und dann wieder auf. Es ist wie ein Schweben. Beim Tauchen sieht man durch eine Glaswand in ein Restaurant. Die Gäste könnten mich auch sehen. Aber sie lesen die Zeitung. Ich freue mich über die schönen Tauchbewegungen und kümmere mich nicht weiter um sie. Beim Auftauchen höre ich einem Gespräch zu. Die Mutter sagt zu einer anderen Frau, sie wisse schon, wie schwer das sei, ein Mädchen zu haben in der heutigen Zeit. «Plötzlich haben sie dann ein Kind. Niemand paßt auf.» Ich gehe wieder in das große Bad hinüber. Ich mache mir Sorgen, ob mein Billett noch gültig ist. Es ist bereits entwertet.

Tatsächlich können Kinderträume manchmal eine sehr vielschichtige Struktur aufweisen, die auf den ersten Blick etwas verwirrend ist. Um solche Träume besser zu verstehen, nimmt man am besten eine Einteilung in einzelne Geschichten vor und schaut danach, was die einzelnen Geschichten möglicherweise verbindet. Wenn wir diese Methode auf den 114. Traum anwenden, so finden wir vier Geschichten, die mehr oder weniger eng miteinander verknüpft sind.

In der ersten Geschichte begegnen wir Herrn Bertschinger und Theodorakis, und zwar nehmen sie in Anjas Traum die

Rolle von Bademeistern ein, die sie in Wirklichkeit natürlich beide nicht innehaben. Herr Bertschinger ist offenbar der Vorgesetzte, welcher Theodorakis zunächst nicht ganz ernst nimmt, weil der Knabe gewissermaßen erst am Anfang steht und bisher noch keine hervorragende Leistung erbracht hat. Trotzdem könnte man das Gespräch als ernsthaftes Berufsgespräch bezeichnen, zumal zwischen Herrn Bertschinger und Theodorakis keine Verwandtschaft besteht. Der Sinn des Gesprächs ist, den Knaben in die Arbeit einzuführen.

Auch in der zweiten Geschichte kommt eine Beziehung zwischen einer erwachsenen Person und Kindern vor, die jedoch nicht professionell, sondern familiär ist: Eine chinesische Mutter läßt die Kinder in Taucheranzügen ins Wasser steigen, was offenbar eine eher außergewöhnliche Ausrüstung ist; denn der Bademeister wundert sich darüber. Man hat das Gefühl, daß die Chinesin ihre Töchter etwas über Gebühr ausstattet und betreut. Der zweite Teil des 114. Traums zeigt also eine Mutter-Kind-Beziehung, die durch Überbetreuung gekennzeichnet ist.

Die schönste Geschichte im 114. Traum ist gewiß diejenige vom Tauchen: In diesem Traumteil erlebt Anja das Tauchen als Schweben, sie kann ohne Mühe, wie schwerelos, auf- und niedertauchen. Durch ein Fenster können die Gäste des Restaurants direkt ins Tauchbecken sehen. Sie beachten Anja jedoch nicht, weil sie Zeitung lesen und sich nicht weiter um das tauchende Mädchen kümmern.

Sorgen machen sich hingegen die beiden Frauen in der vierten Geschichte, und zwar über die Möglichkeit, daß eine jugendliche Tochter in der heutigen Zeit durchaus vorehelichen Sexualverkehr haben könnte, welcher der Kontrolle der Eltern ziemlich entzogen ist. Anjas Selbstorganisation greift hier im Traum ein bißchen weit vor, indem sie möglicherweise die Beziehung zu Theodorakis sozusagen ins Erwachsenenalter projiziert und sich damit beschäftigt, welche Folgen die Beziehung dann haben könnte. Ungewöhnlich ist diese Vorwegnahme gewiß nicht; denn auch Mädchen und Knaben in diesem Alter sind am Thema schon sehr interessiert und hören wohl auch von den elterlichen Befürchtungen.

Nachdem wir uns eine kleine Übersicht über die vier Geschichten, die im 114. Traum vorkommen, verschafft haben, möchten wir sehen, was für eine Bedeutung Vertrauen und Kontrolle in bezug auf das Traummotiv des Wassers haben: Herr Bertschinger gibt Theodorakis im ersten Traumteil zu verstehen, daß der Umgang mit dem Wasser, das Einfüllen des Beckens, zuerst gelernt werden muß. Theodorakis tritt jedoch bereits als junger Bademeister auf, das heißt, Herr Bertschinger hat durchaus Vertrauen, daß der Knabe nach einigem Üben die Becken selbständig einfüllen kann. Es wird also in der ersten Geschichte des 114. Traums die aktive Lebensbewältigung innerlich vorweggenommen.

Wir haben bereits darauf hingewiesen, daß die zweite Geschichte von der chinesischen Mutter in etwas bizarrer Form die Überbetreuung, das Übertreiben der mütterlichen Fürsorge zum Ausdruck bringt: Die Chinesin traut den Töchtern nicht zu, daß sie sich auch ohne den Schutz der Taucheranzüge an die Wassertemperatur anpassen können. Hier wirkt wahrscheinlich die etwas übertriebene Kontrolle, die Anja von der eigenen Mutter gewohnt ist, im Traum nach. Dem Staunen des Bademeisters können wir entnehmen, daß diese Kontrolle tatsächlich unangemessen erscheint. Die Töchter erhalten gewissermaßen eine zweite Haut, die sie daran hindert, die aktive Lebensbewältigung selber zu leisten.

Einen schönen und deutlichen Gegensatz zum zweiten Teil des 114. Traums bildet die dritte Geschichte: Anja erlebt das Tauchen wie ein Schweben, und daß die Gäste im Restaurant, die sie möglicherweise mit Blicken kontrollieren könnten, ihr keine Aufmerksamkeit schenken, bedeutet, daß sich Anja selber vertraut und auch großes Vertrauen ins Element des Wassers hat. Diese aktive Lebensbewältigung, verbunden mit einer Selbstkontrolle, wird in Anjas späterem Leben sehr wichtig werden, wenn sie für sich selbst schauen muß.

Kinderträume, in denen das Wasser vorkommt, lernt man also besser verstehen, wenn man auf die Bewegungen achtet, die sich im Wasser ereignen, und indem man außerdem prüft, ob sich die handelnden Personen eher von der Unternehmungslust oder von der Schüchternheit leiten lassen. Man kann anhand dieser Träume auch sehr viel darüber erfahren, welche Rolle Vertrauen und Kontrolle in der Lebensbewältigung des Kindes spielen.

Der Berg und das Tal

Einführung

Wenn die Kinder auf einer Wanderung einen Berggipfel in erreichbarer Nähe entdecken, kann man ganz unterschiedliche Reaktionen beobachten: Einige Kinder können es kaum erwarten, den höchsten Punkt in der Landschaft zu besteigen, andere hingegen scheuen die Mühen des Aufstiegs, sie trauen es ihren Kräften kaum zu, noch so weit und so steil aufwärts zu wandern. Diese gegensätzlichen Gefühle, die der Anblick eines Bergs erwecken kann, können natürlich auch in Kinderträumen zum Ausdruck kommen. Meistens ist es aber so, daß die Kinder, wenn sie die Höhe erreicht haben, große Freude empfinden, sei es, weil ihnen die Landschaft im Tal spielzeugklein zu Füßen liegt, oder weil sich ihnen ein überraschender Überblick bietet, der im täglichen Leben nicht immer zu sehen ist. Außerdem ist es ein erhebendes Gefühl, ganz oben, vielleicht sogar zuoberst, zu sein: Man ist dem alltäglichen Leben auch ein bißchen entrückt, dafür dem Himmel, den Wolken und den großartig segelnden Bergvögeln sehr nah. Unter Umständen ist man auch einem rauschenden Wind ausgesetzt, der eine Art Fluggefühl wecken kann.

Diese Höhe und Abgeschiedenheit kann aber auch andere Gefühle auslösen: Die Kinder können sich sorgen, ob sie den Abstieg schaffen werden, ob sie wirklich vor Einbruch der Dunkelheit wieder im schützenden Haus sind. Das Aufziehen von Gewitterwolken wirkt viel unheimlicher als in der Nähe von Häusern, in denen man Unterschlupf finden könnte. Außerdem könnte ein Kind auch Schwindelgefühle empfinden: Die Möglichkeit, daß man hinunterfallen und sterben könnte, wird dann als sehr bedrohlich empfunden. Der weite Rundhorizont ist nicht nur ein schönes Erlebnis. Er raubt dem Kind auch die gewohnten Orientierungspunkte, die es möglicherweise vom Schulweg her kennt. Es ist wirklich schwierig, aus der Vogelperspektive die Distanzen einzuschätzen, weshalb ein Kind auch Angst haben könnte, der Rückweg sei unendlich lang und kaum zu leisten.

Die meisten Kinder werden sehr übermütig, wenn der Weg abwärts führt: Man kommt viel leichter voran, die Füße sind wie beflügelt, man kann laufen, ohne außer Atem zu geraten, und nicht umsonst gibt es das Sprichwort: «Hinunter helfen alle Heiligen.» Die Kraft, die beim Hinuntergehen wirksam wird, kann man besonders lebhaft erfahren, wenn man mit dem Fahrrad, mit Rollschuhen, Skis oder auf dem Schlitten einen Hang hinunterfährt. Der Antrieb ist wie geschenkt, die ganze Mühe des Aufstiegs verwandelt sich in eine anstrengungslose Talfahrt.

Natürlich birgt die Talfahrt auch einige Gefahren: Man kann vielleicht das Fahrzeug oder die Skis nicht mehr richtig kontrollieren, die Geschwindigkeit nimmt laufend zu, während das Steuern und das Bremsen immer schwieriger werden. Das Risiko, zu stürzen, gegen einen Baum oder gegen eine Mauer zu prallen, löst Angst, Schwindel- und Ohnmachtsgefühle aus. Man ist sozusagen «haltlos», also ohne Halt, man kann nicht beliebig anhalten, man ist in dieser unentrinnbaren Bewegung drin und hat leicht die Kontrolle verloren. Außerdem ist beim Abstieg der Blick immer in die Tiefe gerichtet, weshalb sich viele Kinder beim Absteigen häufiger vor dem Stürzen fürchten, als wenn sie bergauf gehen. Wenn man gar vom Weg abgekommen ist, kann man sich beim Abstieg viel schlechter orientieren, weil man den Hang, möglicherweise sogar die nächsten Schritte schlecht oder gar nicht überblicken kann.

Solche Erfahrungen, wie wir sie soeben umrissen haben, können nicht nur in der Wirklichkeit, sondern auch in Kinderträumen vorkommen. Manchmal kann das Kind am Vortag wirklich auf einem Berg gewesen sein, dann findet man es nicht weiter überraschend, daß es nachts davon träumt. Es ist aber auch möglich, daß der Traum von einem Berg nicht in einem unmittelbaren Zusammenhang mit dem Tageserleben steht. Wie dem auch immer sei, die Bergträume erregen häufig heftige Gefühle, und wir wollen nun versuchen, die Bedeutung der Auf- und Abstiege, die in Kinderträumen vorkommen, zu verstehen. Zu dem Zweck habe ich aus Anjas Traumserie einige Träume ausgelesen, in denen die Bewegungen einen Berg hinauf oder ins Tal hinunter im Mittelpunkt stehen.

Abgrenzung und Identifikation

Manchmal macht man die Erfahrung, daß ein Kind, das sonst nicht weiter auffällt, plötzlich nein sagt und an einem Familienausflug nicht teilnehmen möchte. Die Beurteilung dieses Verhaltens kann dann sehr unterschiedlich ausfallen: Man kann sich darüber freuen, daß das Kind genau weiß, was es will, und daß es fähig ist, seinen Willen durchzusetzen. Oder man kann sich darüber ärgern, daß das Kind nicht mitmacht, das heißt, man kann es trotzig, halsstarrig oder eigensinnig finden, oder man kann sogar versucht sein, es umzustimmen oder zum Gehorsam zu zwingen. Wie immer auch die Eltern oder Erwachsenen auf das Neinsagen reagieren, das Verhalten, welches das Kind zeigt, hat mit Abgrenzung zu tun.

Die Abgrenzung steht leider in unserer Gesellschaft nicht im besten Ruf: Viele Erwachsene meinen, das Kind, das immer mitmacht, sei generell ein gutes, vor allem ein gut erzogenes Kind, während ein Kind, das sich zeitweise abgrenzt und das Mitmachen verweigert, als verhaltensschwierig gilt. Die Abgrenzung hat jedoch durchaus auch einen positiven Aspekt: Wie das Wort schon sagt, werden in der Abgrenzung Grenzen zwischen den Menschen gezogen, das Kind betont, daß es in einer Sache anders denkt als die Erwachsenen oder als die anderen Kinder. Dank seiner Abgrenzung wird das Zusammenleben interessanter, farbiger und vielfältiger, gelegentlich natürlich auch schwieriger und aufwendiger, weil man verschiedene Standpunkte berücksichtigen muß. Ein anschauliches Beispiel für Abgrenzung finden wir im 14. Traum, den wir als nächsten betrachten werden:

> **In den Bergen** (14. Traum, 11 Jahre 4 Monate)
> Auf einer Wanderung mit unbekannten Leuten in den Bergen. Plötzlich sieht man einen Lift oder eine Seilbahn. Die meisten Leute möchten damit ins Tal fahren, ich nicht.

Anja befindet sich in diesem Traum in Gesellschaft unbekannter Leute in den Bergen. Die meisten Unbekannten ziehen es vor, mit der Seilbahn ins Tal zu fahren, Anja hingegen nicht. Die Abgrenzung dürfte ihr nicht schwerfallen, weil sie die Leute ja nicht kennt und sich ihnen nicht anzuschließen braucht. Trotzdem braucht es einigen Mut, um sich in den Bergen von einer Gruppe zu trennen und eigene Wege zu gehen. Man kann sich dann nicht mehr an der Gruppe orientieren oder Hilfe verlangen, wenn man unsicher ist, oder wenn einem etwas zustößt. Die Fahrt mit der Seilbahn ist vermutlich auch der bequemste Weg ins Tal, den Anja im 14. Traum aber nicht wählt. Besonders deutlich wird die Abgrenzung im Nachsatz «ich nicht», das heißt, die Träumerin kümmert sich nur um sich selbst. Was hingegen die Minderheit der Gesellschaft unternimmt, die ebenfalls die Seilbahn nicht benutzen möchte, bleibt in der Traumerzählung unerwähnt.

Um den 14. Traum besser zu verstehen, kann man untersuchen, ob sich Anja auch im täglichen Leben gut abgrenzen kann, oder ob der Traum eher dem Wunsch Ausdruck verleiht, daß ihr die Abgrenzung in der Wirklichkeit besser gelingen würde. Tatsächlich ist zu beobachten, daß Anja in Mutters Restaurant, aber auch in der Schule sehr distanziert wirkt. Sie läßt sich nicht leicht ins Gespräch ziehen, und von der Stimmung ihrer Klassenkameraden läßt sie sich selten beeinflussen. Wir haben weiter oben die positiven Seiten der Abgrenzung erwähnt, müssen aber auch einräumen, daß eine zu starke Abgrenzung die Gefahr birgt, daß sich ein Kind von der Gruppe isoliert und einsam wird.

Im allgemeinen orientieren sich die Kinder jedoch nicht nur an einer Gruppe, sondern auch an einer Persönlichkeit, die einen besonders großen Eindruck auf sie macht. Diese Orientierung kann sehr weit gehen, das Kind kann sogar dazu neigen, sich mit dieser Person zu identifizieren, das heißt, es kann sich so stark in das Vorbild hineinfühlen, daß es unbewußt weite Bereiche des Verhaltens übernimmt und nicht mehr so deutlich darauf achtet, was in ihm selber vorgeht. Kleine Kinder identifizieren sich häufig mit der Mutter oder mit dem Vater, junge Schulkinder haben die Neigung, sich mit der Lehrerin oder mit dem Lehrer zu identifizieren. Es besteht aber auch die Möglichkeit, daß plötzlich eine andere Person im Leben der Kinder wichtig wird, so daß die Identifikation mit den Eltern und den Lehrpersonen zeitweilig verblaßt oder überdauernd abgelöst wird. Diesen Vorgang können wir im 15. Traum beobachten:

> **Den Waldweg hinaufrennen** (15. Traum, 11 Jahre 4 Monate)
> Eigentlich wäre in der Schule eine gewöhnliche Turnstunde. Die Lehrerin will aber nicht anfangen. Claudia Cairoli übernimmt die Klasse, rennt mit den Kindern sehr schnell einen Waldweg hinauf. Alle sind viel besser als im normalen Turnen.

Wer selber gelegentlich laufen geht, weiß, daß es nichts Anstrengenderes gibt, als hinaufzurennen. Kinder, die sich im Freien herumtollen, können zuweilen, ohne daß sie zunächst die Anstrengung spüren, beim Hinauflaufen erstaunliche Leistungen vollbringen, aber um eine ganze Klasse dazu zu motivieren, braucht es schon eine gute Portion Führungsfähigkeit. Am besten gelingt die Leistung gewiß, wenn sich die Kinder mit der vorauslaufenden Lehrerin identifizieren und sich von ihrer Sportlichkeit mitreißen lassen.

Im vorliegenden 15. Traum erscheint die Welt jedoch wie auf den Kopf gestellt: Die Lehrerin, die Anja während der ersten beiden Schuljahre unterrichtete, ist in Wirklichkeit eine sportliche, junge Frau, die kaum je zögern würde, mit dem Turnunterricht zu beginnen. Sie hat im Dorf einen guten Ruf, und ihre zupackende, freundliche Art wird allseitig geschätzt. In einem eher zweifelhaften Ruf steht dagegen Claudia Cairoli, die Servierfrau, die mit Herrn Hofer eine Liebesbeziehung einging; seit der Trennung von Anjas Eltern wird ihr von den Gästen im Restaurant alles mögliche nachgesagt, und zwar selten etwas Gutes. Für uns ist jedoch nur von Interesse, daß sich Anja im Traum nicht mit der tüchtigen Lehrerin, sondern mit der verrufenen Servierfrau identifiziert.

Die Eltern könnten sich möglicherweise den Kopf zerbrechen, wenn im Traum eines Kindes die Lehrerin in so ungünstigem Licht erscheint, während eine nicht eben gut angesehene Person Vorbildsfunktion einnimmt. Man sollte sich indes keine unnötigen Sorgen machen; denn das Traumgeschehen steht immer auch im Zusammenhang mit der Entwicklung, die sehr viel mit dem Autonomiestreben des Kindes zu tun hat. Was wir im folgenden von Anja sagen, trifft eigentlich auf alle Kinder zu: Es ist gut und richtig, daß in der frühen Kindheit eine enge Beziehung zu den Eltern besteht, die nahezu ausschließlichen Charakter hat, das heißt, die kleinen Kinder können sich fast gar nicht vorstellen, daß jemand besser sein oder sie zureichender umsorgen könnte als die eigenen Eltern. Im Lauf der Zeit öffnet sich die Perspektive der Kinder, neue Personen kommen ins Blickfeld, und sie sehen, daß es viele Eltern gibt, daß alle ein bißchen anders mit ihren Kindern umgehen. Daneben werden noch weitere Erwachsene wahrgenommen, Verwandte, Bekannte, Kindergärtnerinnen und Lehrpersonen. Daraus ergibt sich ein weitverzweigtes Beziehungsnetz, in welchem sich das Kind zurechtfinden muß. Damit diese neue Orientierung gut gelingt, muß das Kind Unabhängigkeit oder Autonomie gewinnen, oder einfach gesagt: Es muß sich zunehmend von der

Schürze der Mutter lösen können, um eigene Erfahrungen mit Menschen in der Umgebung zu machen. Zu dieser Ablösung kann es durchaus gehören, daß sich das Kind mit Personen beschäftigt, die nicht unbedingt die Zuneigung eines Elternteils oder beider Eltern genießen, weil es ja etwas ganz anderes, bisher Unbekanntes kennenlernen möchte. Diese Neuorientierung mag den Eltern zunächst abenteuerlich vorkommen, aber sie liegt durchaus im Bereich der günstigen und normalen Entwicklung, wie wir bei der Betrachtung der folgenden Träume sehen werden.

Autonomie und Abhängigkeit

Schon in der frühen Kindheit kann man bestimmte Unterschiede feststellen: Es gibt kleine Kinder, die sehr schnell gehen lernen und aktiv die nähere Umgebung erkunden, sie legen bereits eine gewisse Unabhängigkeit von der Mutter an den Tag, während sich andere Kleinkinder sehr ängstlich in der Nähe der Mutter aufhalten und ihre Abwesenheit nur schlecht ertragen können. Es gibt also Kinder, die sehr früh selbständig oder autonom ihr Leben bewältigen, was natürlich nicht ausschließt, daß sie auf ein gute Betreuung durch die Eltern angewiesen sind.

Weil Autonomie und Selbständigkeit in unserer Zeit einen hohen Stellenwert haben, müssen sich die Eltern aber auch davor hüten, jedes eigenmächtige oder halsstarrige Verhalten des Kindes als Entwicklung in die erwünschte Richtung zu begrüßen. Autonomie bedeutet nicht einfach, daß sich das Kind über alles hinwegsetzt, was ihm als Rahmen vorgegeben ist. Viel eher sollte die Erziehung zur Selbständigkeit darauf ausgerichtet sein, gute Tagesstrukturen zu errichten und zu wahren, damit sich das Kind darin möglichst frei und unabhängig von der momentanen psychischen Verfassung der Eltern bewegen kann.

Wie kann man anhand der Kinderträume erkennen, ob ein Kind eher nach Autonomie strebt oder wesentlich stärker zur Abhängigkeit neigt? Wir werden dieser Frage mit der Betrachtung von ein paar Träumen nachgehen, in denen das Motiv des Bergs und das des Aufstiegs eine wichtige Rolle spielen, wie zum Beispiel im 21. Traum, den Anja wie folgt notierte:

> **Fahrt auf den Berg** (21. Traum, 11 Jahre 4 Monate)
> Ein unbekannter Berg. Sehr steil ist er, mit zwei Felsen. Mit Unbekannten und mit Claudia Cairoli werweiße ich, wo man zu Mittag essen soll. Wenn das Waldrestaurant nicht geschlossen sei, oben. Claudia Cairoli glaubt nicht, daß wir den Aufstieg schaffen. Marco tritt im Leerlauf.

In diesem Traum erscheint wiederum die ehemalige Servierfrau, allerdings diesmal nicht als anspornendes oder führendes Vorbild. Es ist ungewiß, ob die unbekannten Leute, Claudia Cairoli und Anja den Aufstieg schaffen werden. Auch Anjas Mitschüler Marco ist zu keiner entschiedenen Bewegung fähig: Er sitzt offenbar auf einem Fahrrad und tritt im Leerlauf. Oben auf dem Berg befindet sich ein Waldrestaurant, es geht gegen Mittag, und folglich würde man gern etwas essen gehen. Auch in bezug auf den Ort, an dem man das Essen einnehmen soll, herrscht große Ungewißheit; denn niemand weiß, ob das Waldrestaurant auf dem Berg wirklich offen ist. Aus diesem Grund fehlt auch der richtige Ansporn, um die Mühen des Aufstiegs in Kauf zu nehmen.

Man wird sich mit Recht fragen, warum die Träume einmal einen Aufstieg ganz mühelos zeichnen, wie im 15. Traum mit dem Titel «Den Waldweg hinaufrennen», während in diesem Traum ein Berg als unüberwindbares Hindernis erscheint. Dieselbe Schwankung oder unterschiedliche Zeichnung kann man auch beim Auftreten von Claudia Cairoli betrachten: Im 15. Traum springt sie für eine zögernde Lehrerin ein und motiviert die ganze Klasse, mit ihr auf den Berg zu rennen. Im 21. Traum dagegen nimmt sie selber eine zögerliche Haltung ein, und die Fähigkeit, Kinder für Leistungen zu begeistern oder mitzureißen, ist ihr vollständig abhanden gekommen. Wenn die Eltern in den Traumerzählungen ihrer Kinder derartige Veränderungen der Personen und der Haltungen feststellen, könnten sie sich Sorgen machen, ob irgendwelche Störungen das Kind tiefgreifend verunsichern.

Wenn wir jedoch darauf achten, wie sich Anja zu den anderen Traumpersonen verhält, so haben wir Gründe, diese Sorgen zu zerstreuen; denn obwohl im 21. Traum niemand so richtig vorankommt, gibt es doch etwas Positives zu melden: Die Traumerzählung erwähnt ausdrücklich, daß Anja mit den Unbekannten und mit Claudia Cairoli am Werweißen ist, wo man zu Mittag essen soll. Man kann daher auf eine aktive Anteilnahme schließen, was bedeutet, daß Anjas Autonomiestreben im Gespräch über das Mittagessen sicher auch wirksam ist; denn sonst würde sie sich einfach von der allgemeinen Ratlosigkeit anstecken lassen und nicht mitreden. Außerdem läßt sich im 21. Traum auch eine Abgrenzung gegen den Mitschüler Marco beobachten, der im Leerlauf tritt, also eine sinnlose und wirkungslose Bewegung vollführt.

Welche Bedeutung hat dieser Traum für Anjas tägliches Leben? Was sofort kenntlich wird, ist, daß ein Kind, das versucht, selbständiger zu leben, zunächst einmal «am Berg steht». Mit dieser anschaulichen Wendung ist gemeint, daß die Probleme oder Hindernisse zunächst unüberwindbar groß erscheinen. Das Kind, das von den Eltern geführt wird, muß die Bewältigung eines steilen Aufstiegs oder einer schwierigen Situation nicht allein aushalten, es kann sich auf die Führung oder Ermunterung verlassen.

Man darf sich jedoch das Erreichen einer gewissen Selbständigkeit nie dauerhaft oder für alle Zeiten gesichert vorstellen. Es ist durchaus möglich, daß das Kind, wenn es einmal eine bestimmte Stufe der Entwicklung erreicht hat, auf ein aufgegebenes Verhaltensmuster zurückgreift oder in eine altersunangepaßte Abhängigkeit zurückfällt. Die Entwicklung des Kindes, das Erreichen einer eventuellen «Bestform», läßt sich mit einem Sportler in Vergleich bringen, der mit beharrlichem Training eine gute Leistung erbringt. Wenn er das Training intensiviert, kann er die Leistung möglicherweise steigern. Wenn er aber für eine gewisse Zeit das Training vernachlässigt, sinkt seine Leistungsfähigkeit, das heißt, er fällt sozusagen auf eine frühere Stufe zurück. Was damit gemeint sein könnte, läßt sich anhand des 37. Traums sehr anschaulich erklären:

Kleider auf dem Weg (37. Traum, 11 Jahre 6 Monate)
Ich und der Vater fahren in einem Auto mit Allradantrieb, und zwar rückwärts den Alpweg hinauf. Da sind die Wegmacher. Sie haben auf dem Weg die Kleider liegen gelassen. Sie loben das Auto, weil man damit eben gut untersetzt fahren kann.

Wir haben in den bereits besprochenen Bergträumen sehen können, daß der Abstieg viel leichter als der Aufstieg zu bewältigen ist, weil der Aufstieg anstrengender ist und folglich eine erhöhte Anstrengungsbereitschaft erfordert. Fehlt diese Bereitschaft, so muß man andere Mittel und Wege erfinden, um auf den Berg zu gelangen. Im 37. Traum, der uns gerade beschäftigt, steigen Anja und der Vater nicht zu Fuß auf die Alp, sondern sie verwenden ein Auto mit Allradantrieb. Eigenartigerweise fahren sie ohne einen ersichtlichen Grund rückwärts. Da ja alle Räder mit einem Antrieb versehen sind, könnte der Vater ebensogut vorwärts fahren, das heißt, es besteht keine Notwendigkeit, rückwärts zu fahren.

Offenbar ist hier mit «rückwärts» wohl eher eine psychische Bewegung gemeint, die im deutlichen Gegensatz zu einem energischen Vorwärtsstreben steht. Weil wir die Bergträume unter dem Gesichtspunkt von Autonomie und Abhängigkeit betrachten, achten wir nun auf die merkwürdige Anhäufung von Abhängigkeiten, die im 37. Traum vorkommen: Zunächst können wir festhalten, daß Anja den Aufstieg nicht allein bewältigt, sie ist gewissermaßen vom Vater abhängig. Der Vater ist einerseits vom guten Funktionieren des Autos abhängig, andererseits aber auch von den Wegmachern, die den Alpweg unterhalten.

Welche Rolle nehmen eigentlich die Wegmacher ein? Die Berufsbezeichnung «Wegmacher» deutet schon darauf hin: Sie sollten den Weg «machen», also reinigen, ausbessern und warten. Wahrscheinlich ist es sehr heiß, und sie haben die Jacken und eventuell die Pullover ausgezogen. Es verträgt sich aber schlecht mit ihrem Auftrag, daß sie die Kleider auf dem Weg liegen lassen und somit die Bergfahrt des Vaters behindern oder verzögern. Man würde doch erwarten, daß sie die Kleider möglichst schnell wegräumen, damit er eine freie Durchfahrt hat. Statt dessen loben sie das Auto des Vaters, weil man damit gut untersetzt fahren, das heißt auf die herumliegenden Kleider Rücksicht nehmen kann. Übrigens sind die Wegmacher die einzigen, die in diesem Traum sprechen, sie sind gewissermaßen die «Wortführer». Anja fragt beispielsweise den Vater nicht, warum er rückwärts hinauffährt, sie läßt sich einfach chauffieren. Und der Vater äußert mit keiner Andeutung, daß ihm die Kleider im Weg liegen und ihn stören. Das Wort führen also die Wegmacher mit ihrem scheinheiligen Lob, womit sie ihre Bequemlichkeit vertuschen.

Nun sind ja die herumliegenden Kleider gewiß kein großes Hindernis, der Vater kann möglicherweise mit einem untersetzten Gang die Kleider umfahren, aber in Ordnung ist es nicht, wenn die Wegmacher den Weg versperren, anstatt ihn freizumachen. Wir haben bereits erwähnt, daß der Vater von der guten Qualität ihrer Arbeit abhängig ist, es besteht insofern ein Abhängigkeitsverhältnis. Man könnte weiter auch sagen, daß die Wegmacher die Abhängigkeit ausnutzen, indem sie den Vater zu einer Anpassungsleistung zwingen: Weil sie die Kleider nicht wegräumen, muß er die Geschwindigkeit drosseln und untersetzt fahren. Ich denke, daß es sich lohnt, das Ausnutzen der Abhängigkeit zu untersuchen; denn leider kommt diese

Form der Ausbeutung nicht nur in Kinderträumen vor, sie kennzeichnet sehr viele Beziehungen zwischen Kindern und Erwachsenen und verhindert die rasche und gute Entwicklung des Autonomiestrebens.

Wir möchten an dieser Stelle nochmals mit Nachdruck betonen, daß Abhängigkeit weder gut noch schlecht, sondern gewissermaßen eine «Naturgegebenheit» ist. Die Mutter beispielsweise stellt die Versorgung des Kleinkindes sicher, und darum ist das Kleinkind ganz einfach von ihr abhängig. Hierin liegt gewiß nichts Böses, hingegen wirkt es sich ungünstig auf die Entwicklung aus, wenn das Kind später mit sogenannten Geschenken, Süßigkeiten und kleinem Spielzeug, zu Anpassungsleistungen gezwungen wird. Auf diese Weise wird aus der natürlichen Abhängigkeit sehr leicht eine mißbräuchliche, in der auch die Gefahr des sexuellen Mißbrauchs nicht ausgeschlossen ist: Das Kind wird mit Geschenken oder Lob gewissermaßen geködert, Anpassungsleistungen zu erbringen, womit man ihm die Freiheit raubt, nein sagen zu dürfen. Noch deutlicher werden wir die Ausnutzung der Abhängigkeit im folgenden 38. Traum verfolgen können.

Afrikanische Tochter (38. Traum, 11 Jahre 6 Monate)
Bei einer Kreuzung vor einer Bergfahrt müssen ich und unbekannte Leute halten. Eine Frau hat eine afrikanische Tochter. Sie trägt kaffeebraune und mokkabraune Kleider. Jemand meint, sie könne noch gut den Hund spielen.

Auch im 38. Traum begegnen wir einer verzögerten Bergfahrt, die Traumerzählung verrät uns zwar nicht, ob sie mit der Frau und ihrer «afrikanischen» Tochter in Zusammenhang steht, aber soviel ist gewiß, daß die Mutter-Kind-Beziehung alle Aufmerksamkeit in Beschlag nimmt und das Interesse von der Bergfahrt ganz abzieht. Tatsächlich handelt es sich um eine eigenartige Beziehung: Von der Mutter erhalten wir keine Beschreibung, die Tochter hingegen wird als «afrikanisch» beschrieben, und jemand meint von ihr, sie könne gut den Hund spielen. Die Menschen aus Afrika mit einer dunklen Hautfarbe erleben es auch in unserer Zeit und Kultur noch, daß sie manchmal gemieden oder ausgegrenzt werden. Die Tochter gehört also einer Bevölkerungsgruppe an, die sicher nicht vollständig integriert ist. Dies kommt um einiges deutlicher in der Anspielung auf den Hund zum Ausdruck: Ein Mensch, der gut den Hund spielen kann, ist von einem Herrn oder einer Herrin sehr abhängig, er kann nicht eigenständig leben oder sich bewegen und trägt vielleicht ein unterwürfiges Wesen zur Schau. Wir stoßen also im 38. Traum auf ein krasses Abhängigkeitsverhältnis und müssen uns fragen, ob es in einem Zusammenhang mit der aufgehaltenen Bergfahrt steht, und was Kinderträume möglicherweise bedeuten, in denen ein solches Verhältnis erscheint.

Die Bildersprache der Träume kann gelegentlich etwas bizarr oder übertrieben anmuten, aber auch wir werden im täglichen Leben etwas lauter oder deutlicher, wenn wir mit gewöhnlichen Worten nicht verstanden werden. Und bei Anja hat ja die enge Mutterbindung tatsächlich eine krank machende Wirkung, das heißt, sie stellt ein Problem für die günstige Entwicklung des Kindes dar.

Selbstverständlich muß nicht jedes krasse Abhängigkeitsverhältnis, das in einem Kindertraum vorkommt, auf diesem Hintergrund beruhen, aber es lohnt sich gewiß, darüber nachzudenken, ob die Entwicklung des kindlichen Autonomiestrebens nicht eingeschränkt ist, wenn so wichtige Bewegungen wie eine Bergfahrt im Traumgeschehen stocken, und das Interesse auf ein Abhängigkeitsverhältnis gelenkt wird. Man wird zunächst prüfen, ob sich die altersunangepasste Abhängigkeit auch im täglichen Leben zeigt. Eine weitere Möglichkeit ist es, in eventuellen nachfolgenden Träumen zu sehen, ob sich das Problem immer noch stellt, oder ob das Autonomiestreben des Kindes stärker geworden ist. Zu dem Zweck betrachten wir einen weiteren Bergtraum aus Anjas Traumserie, in dem übrigens ein Wegmacher wie im 37. Traum eine wichtige Rolle spielt:

Seltsame Tiere (68. Traum, 11 Jahre 10 Monate)
Ein Wegmacher hat im Tal unten die Jacke vergessen. Er redet von einer Felswand. Ich gehe nicht mehr weiter den Bergweg hinauf. Ich gehe eben in das Tal hinunter. Aber dort leben seltsame Tiere: Urechsen, Libellen und Insekten mit Libellenflügeln, die Libellen verschlingen. Das alles im Berner Oberland.

Die Träumerin befindet sich auf einem Bergweg, als sie dem Wegmacher begegnet. Am Anfang der Traumerzählung wird erwähnt, daß der Wegmacher seine Jacke im Tal unten vergessen hat, er spricht jedoch nicht davon, sondern redet nur von einer Felswand. Er könnte ja Anja bitten, ihm die Jacke zu holen, was aber in der Traumerzählung nicht vorkommt. Gerade weil diese Bitte fehlt, mutet es ein bißchen seltsam an, daß Anja unaufgefordert in dieses Tal, in dem er die Jacke vergessen hat, hinuntergeht. Natürlich werden die Träume nie vollständig erinnert oder wiedergegeben, der Wegmacher könnte durchaus auch gesagt haben: «Weiter oben begegnest du einer gefährlichen Felswand, es ist besser, du steigst ins Tal hinunter.» Wie dem auch immer sei, das Kind gibt jedenfalls seine Bewegung auf und wendet sich ins Tal hinunter, was dem Wegmacher möglicherweise nützt, sofern ihm das Mädchen die Jacke holen geht.

Uns interessiert im Zusammenhang mit den Bergträumen vor allem die Frage, wie es um das Autonomiestreben des Kindes bestellt ist. Wenn wir die Traumerzählung genau lesen, bemerken wir, daß wir gar nicht erfahren, was Anja auf dem Bergweg sucht oder welches Ziel sie anstrebt. Von Anfang an sind der erwachsene Wegmacher und seine Jacke viel wichtiger; der Mann bestimmt letztlich, wohin sich das Mädchen wendet, das heißt, die Abhängigkeit ist im 68. Traum stärker als das Autonomiestreben. Man könnte den Traum durchaus auch so verstehen, daß der Wegmacher die Felswand nur erwähnt, um zu seiner Jacke zu kommen. Daß er darauf verzichtet, Anja darum zu bitten, könnte wahrscheinlich darauf zurückzuführen sein, daß das Mädchen nicht mit einem deutlichen Ziel und mit aller Bestimmtheit auf dem Bergweg ist.

Tatsächlich ärgert sich Anja im täglichen Leben oft darüber, wie leicht sie sich von anderen Menschen überstimmen und beeinflussen, aber auch einschüchtern läßt. Da kann es natürlich auch nicht ausbleiben, daß sich andere ihr schwaches Durchsetzungsvermögen zunutze machen und sie für ihre Zwecke einspannen. Solche und ähnliche Träume mögen in den Eltern die Frage aufkommen lassen, ob man das Autonomiestreben nicht trainieren kann, um dem Kind unangenehme Erfahrungen, aber auch unangenehme Träume zu ersparen. Bei solchen und ähnlichen Überlegungen muß man große Vorsicht walten lassen; denn die Selbstorganisation des Kindes beruht auf einem unbewußten energetischen Geschehen, das sich nicht so leicht beeinflussen lässt. Eher steht zu befürchten, daß gutgemeinte, aber einseitige Erziehungsabsichten diese innere Selbstregulation und damit die Entwicklung der ganzen Persönlichkeit mehr stören als fördern. Untätig zuschauen muß man jedoch nicht; denn so wie die Träume deutlich die Kräfte und die Gefährdungen eines Kindes zum Ausdruck bringen, gibt es auch im täglichen Leben viele Schlüsselsituationen, in denen die Eltern die günstige Entwicklung unterstützen können. Die Träume können dazu Hinweise geben, aber auch zum Nachdenken darüber anregen und so direkt oder indirekt helfen, daß man die Gelegenheit nicht ungenutzt vorbeigehen läßt.

Die Rettung

Einführung

Die meisten Kinder zeigen ein sehr stark ausgeprägtes Mitgefühl, sie können es fast nicht ertragen, wenn jemand in ihrer Nähe Not leidet. Ihr Mitgefühl bleibt dabei nicht auf Menschen beschränkt, auch eine Maus, welche in die Fänge einer Katze geraten ist, oder ein verletzter Vogel können ihr Mitleid erregen. Häufig bleiben die Kinder nicht bei einem passiven Mitgefühl oder Bedauern stehen, sie unternehmen spontan mehr oder weniger wirkungsvolle Rettungsaktionen, damit sie nicht mitansehen müssen, wie in ihrer Umgebung ein Lebewesen Not leidet, krank, verletzt oder getötet wird. Auch Nachrichten von kriegerischen Auseinandersetzungen und Katastrophen lassen die Kinder nicht unberührt, im Gegenteil, solche Meldungen können sie nachhaltig beschäftigen und verunsichern. Nicht selten äußern sie dabei Rettungsphantasien, welche grundsätzlich vom Wunsch geprägt sind, daß alle Lebewesen intakt bleiben und nicht untergehen sollen.

Man kann diesen Ausführungen entgegenhalten, daß die Kinder gelegentlich auch ganz ohne Mitgefühl einen Käfer einfangen, plagen oder töten können. Man hat solche Übergriffe früher sehr moralisiert und an das kindliche Gewissen appelliert. Es ist sicher richtig, das Kind darauf hinzuweisen, daß es nicht in Ordnung ist, ein Lebewesen zu zerstören, aber man sollte nicht zuviel Aufhebens davon machen; denn solche Anwandlungen von Zerstörungslust haben zum Glück meistens vorübergehenden Charakter, weil das Kind, sobald die Einfühlung wieder aktiviert ist, seine Handlung selber bedauert und ungeschehen machen möchte.

Wir werden uns im folgenden mit Träumen aus Anjas Traumserie beschäftigen, in denen eine Rettung vorkommt, und werden dabei versuchen herauszufinden, welche Bedeutung das Motiv der Rettung in Kinderträumen haben könnte. Im täglichen Leben können wir beobachten, daß nicht jede Not bei uns spontan einen Rettungsversuch auslöst, es gibt also Gründe, die uns zu einer Rettung veranlassen. Natürlich macht der Erwachsene andere Einschätzungen, er hat eine andere Beziehung zu Krankheit und Tod, und ein Schmetterling, der hilflos in einem Bach treibt, ist dem Erwachsenen möglicherweise ferner als dem Kind, das wohl kaum daran vorbeigehen könnte. Wir haben schon erwähnt, daß die Einfühlung bei der Rettung eine große Rolle spielt; man kann sich zum Beispiel schlecht vorstellen, was es bedeutet, ein Grashalm zu sein, und darum ist man auch nicht versucht, Gräser zu retten, wenn der Bauer ans Mähen geht. Hingegen kann es schon vorkommen, daß man die eine oder andere Blume aus der gemähten Wiese «rettet», indem man sie vielleicht aufliest und bei sich zu Hause in eine Vase stellt. Die Schönheit einer Blume und ihre Verletzlichkeit sind möglicherweise leichter zu erkennen als diejenige eines Grashalmes.

Wenn man sich nun ins Gebiet der Phantasien oder Träume begibt, kann man die Beobachtung machen, daß man nicht grundsätzlich alle Personen und Lebewesen retten möchte. Im täglichen Leben, bei einem Notfall, sollte selbstverständlich das Tagbewußtsein das Handeln lenken, man fragt sich kaum, ob der Mensch, der am Ertrinken ist, uns sympathisch oder eher unsympathisch vorkommt. Man schätzt vielmehr sehr schnell die Lage ein und entscheidet sich für den Rettungsversuch, der am meisten Erfolg verspricht. Und doch ereignen sich immer wieder gravierende Fälle von sträflich unterlassenen Hilfeleistungen, bei denen man nachträglich feststellen muß, daß sich die Person, die keinen Rettungsversuch unternahm, nicht von der Vernunft, sondern von zerstörerischen Gefühlen leiten ließ. Rettungen haben damit zu tun, daß man nicht zulassen kann oder will, daß ein

Lebewesen mit all seinen intakten Eigenschaften Schaden leidet oder stirbt; das kann auch heißen, daß wir uns nicht von diesem Lebewesen und dem Zustand, in dem es sich befindet, trennen können oder wollen und darum einen Rettungsversuch unternehmen. Hingegen trennen wir uns sehr gern von einer Fliege, die uns lang genug um den Kopf geschwirrt ist und beispielsweise von einem verärgerten Menschen erschlagen wird. Da regt sich kaum das Mitgefühl, und man empfindet auch nicht das Bedürfnis, die Fliege zu retten, im Gegenteil, man erlebt die Trennung gewissermaßen als Erleichterung. So kann es durchaus auch in den Träumen geschehen, daß man eine Rettung unterläßt, weil man unbewußt die Trennung wünscht.

Trennungen gehören ebenso zum Leben des Kindes wie Bindungen oder Beziehungen. Es gibt kurzfristige Trennungen, die das Kind zuerst vielleicht als schmerzhaft, dann aber auch als sehr lustvoll erlebt, zum Beispiel, wenn es den Kindergarten besucht und täglich einen Austritt aus den familiären Beziehungen erfährt. Als Trennung könnte man auch alle Lockerungen von sehr engen Beziehungen sehen, die dann eintreten, wenn das Kind seine eigenen Wege geht und sich in einer erweiterten sozialen Umgebung bewegt. Im Fall von Anjas Familie hat sich eine möglicherweise endgültige Trennung ereignet, weil sich die Mutter und der Vater unversöhnlich gegenüberstanden. Diese Trennung hat in Anjas Träumen gewiß Spuren hinterlassen, und wenn wir uns nun einzelnen Träumen zuwenden, so interessiert uns zum kleineren Teil das Spezielle ihrer Geschichte, zum größeren Teil jedoch das Allgemeine, nämlich die unausweichliche Erfahrung, daß sich das Kind im Verlauf der Entwicklung von den Eltern trennt, daß die gesunde Entwicklung des Kindes eine Trennungsgeschichte ist.

Trennungsarbeit und Trennungsangst

Frühkindliche Bindungen und Beziehungen zeichnen sich durch eine große Nähe aus: Die Mutter spürt sofort, was dem Kind fehlt, und kann möglicherweise unaufgefordert helfen, einen Mangel auszugleichen oder einer drohenden Gefahr oder Not vorzubeugen. Bei einer erfolgreich verlaufenen Trennung oder Ablösung wünscht sich die Mutter natürlich, daß das Kind sich selber «retten» oder helfen kann, das heißt, sie leistet aktive Trennungsarbeit, sie greift nur noch dann ein, wenn es unbedingt nötig ist; sonst hält sie sich zurück und achtet aufmerksam auf die Bewegungen des Kindes.

Was man weniger weiß, was sich aber im täglichen Leben durchaus beobachten läßt, ist der merkwürdige Umstand, daß die Kinder sozusagen auch die «Retter» ihrer Eltern sind. In vielen Situationen, in denen sich die Eltern große Sorgen machen, sich verlassen vorkommen oder sich von plötzlichen finanziellen Engpässen überfordert fühlen, springt das Kind ein, lenkt die Eltern von den Problemen ab, indem es sie auf die guten, kleinen Dinge des Lebens aufmerksam macht, ihnen Vertrauen schenkt, oder aber mit einer besorgniserregenden Krankheit die Aufmerksamkeit auf sich zieht. Gewiß hat nicht jede Kinderkrankheit ihren Ursprung in den Nöten der Eltern, aber nicht selten läßt sich eine Gleichzeitigkeit vom Ausbruch der Krankheit und von einem beunruhigenden Zustand der Eltern erkennen. Uns interessiert in dem Zusammenhang nur, daß sich die Kinder auch für den Zustand der Eltern verantwortlich fühlen und gelegentlich unter der Last der Verantwortung leiden.

Hierin liegt bestimmt nichts Böses, solange das Zusammenleben auch Freiräume für die gesunde emotionale Entwicklung offenläßt, das heißt, solange das Kind gute Möglichkeiten hat, aktive Trennungsarbeit zu leisten. Aktive Trennungsarbeit leistet das Kind, indem es auch dann zu seinen Freundinnen und Freunden geht, wenn sich die Eltern nicht besonders gut fühlen, wenn sie das Kind gern bei sich hätten, sei es als «Vermittler»,

«Tröster» oder schlimmstenfalls auch als «Blitzableiter». All diese Rollen übernimmt das Kind mit unterschiedlich großer Belastung und Belastbarkeit, was man zum Beispiel sehr gut beobachten kann, wenn eine Familie einkaufen geht. Im 28. Traum aus Anjas Traumserie, den wir als nächsten betrachten werden, wird der Vater gerettet. Bei der Betrachtung möchten wir herausfinden, ob zwischen der Rettung und der aktiven Trennungsarbeit möglicherweise ein Zusammenhang besteht:

> **Ausziehen** (28. Traum, 11 Jahre 5 Monate)
> Ich bin im Gasthaus am Einpacken, so wie wenn ich abreisen würde. Am Radio hört man eine komische Sportgeschichte. Neufundland habe mit der Stadt Genf Streit. Als man Frieden gemacht hat, trifft der Präsident von Neufundland den Präsidenten von Genf. Sie fahren zu einem See. Sie fischen miteinander. Der Präsident von Genf hat ein komisches Profil. Er fällt ins Wasser. Der Präsident von Neufundland muß ihn mit einer neuartigen Boje retten. Der Präsident von Genf ist aber der Vater. Und ich habe bei seiner Rettung geholfen. Oder aber der Stadtpräsident von Genf liegt am Ufer. Ich habe eine neue Frisur. Aber er will, daß ich die Haare abschneide. Jetzt reicht es mir aber. Ich habe in einem Haus am See eine Wohnung. Ich ziehe aus. Vorher bade ich noch im Genfersee.

In diesem Traum findet man sehr viele Anzeichen, die das Trennungsgeschehen unausweichlich begleiten, unter anderem gehört auch der Streit dazu. Streit kann sich zwischen den Eltern, aber auch zwischen dem Kind und einem Elternteil ergeben, er muß nicht notwendigerweise zu einer endgültigen Trennung führen, sicher aber ergibt sich daraus eine Distanzierung: Jede Streitpartei zieht sich vor der Versöhnung auf ihren Standpunkt zurück, was man als kurzfristige Trennung bezeichnen könnte. Im täglichen Leben kann sich das Kind zum Beispiel in sein Zimmer zurückziehen oder für eine gewisse Zeit davonlaufen, in der Sprache des Traums, der in der Wahl der Bilder keine Beschränkung kennt, kann die Träumerin auch den Koffer packen und in eine eigene Wohnung ziehen, selbst wenn sie erst elf Jahre alt ist. Manchmal droht das Kind vielleicht auch mit dieser Möglichkeit, dann ist es wichtig, es ernst zu nehmen und nicht auszulachen, so wie wir uns daran gewöhnen sollten, die Kinderträume nie lächerlich zu machen.

Wenn man die Traumerzählung genau durchliest, stößt man auch auf die äußerliche Ursache des Streits: Die Tochter hat eine neue Frisur und bekundet damit deutlich, daß sie von nun an ihr Aussehen selber bestimmen möchte. Ihr Autonomiestreben ist also gut aktiviert, sie möchte sich die Frisur nicht mehr von den Eltern vorschreiben lassen. Man könnte in der neuen Frisur auch ein Trennungssignal sehen, das für Anjas Alter nicht untypisch ist, und das Signal könnte man wie folgt verstehen: Ich bin nicht nur euer Kind, ich bin auch eine eigenständige Persönlichkeit, die selber wählt, was ihr gefällt, und über deren Kopf ihr nicht einfach verfügen könnt. Der Vater scheint das Trennungssignal im 28. Traum richtig verstanden zu haben, aber er kann es nicht akzeptieren, darum verlangt er, daß die Tochter die Haare schneidet.

Dieser Traum enthält jedoch auch die Geschichte einer Versöhnung und einer Rettung, die sogenannte «komische Sportgeschichte», welche die Träumerin am Radio hört. In dieser Geschichte haben zwei Parteien Streit, nämlich Neufundland und die Stadt Genf, also ein Land und eine Stadt; es sind nicht zwei Personen, die miteinander streiten. Die Versöhnung gelingt gut, die beiden Parteien schließen Frieden, worauf die Präsidenten von Neufundland und Genf sogar gemeinsam fischen gehen. Beim Fischen ereignet sich ein Zwischenfall, der Präsident von Genf stürzt ins Wasser, und der Präsident von Neufundland kann ihn mit einer neuartigen Boje retten. Die «Sportgeschichte» hat einiges mit Anja und Herrn Hofer zu tun; denn die Traumerzählung erwähnt, daß der Präsident von Genf der Vater sei. Von Anja heißt es, daß sie bei der Rettung geholfen habe, was bedeutet, daß sie möglicherweise in Verbindung mit dem Präsidenten von Neufundland gebracht werden kann.

Der Traum läßt Anjas Bereitschaft zur aktiven Trennungsarbeit erkennen: Der Streit bleibt nicht unversöhnlich auf der persönlichen Ebene verhaftet, er wird gewissermaßen in einen Streit der Parteien übertragen, also auf eine unpersönliche Ebene, auf der man wahrscheinlich auch besser verhandeln kann. Würden sich nämlich Vater und Tochter einfach als Repräsentanten von zwei verschiedenen Generationen mit unterschiedlichen Interessen betrachten, so könnte der Streit ausgetragen werden, ohne daß die Tochter unversöhnt abreisen müßte. Diese Verlagerung auf die unpersönliche Ebene ist eine Leistung von Anjas Selbstorganisation, und sie macht deutlich, daß die Bereitschaft zur aktiven Trennungsarbeit gut aktiviert ist.

Einen weiteren Beleg für die gut aktivierte Trennungsarbeit finden wir in der Rettung des Vaters: Die Träumerin möchte zwar nicht auf ihre neue Frisur verzichten, aber auch der Vater soll nicht untergehen. Der Präsident von Neufundland muß nicht hilflos zuschauen, wie der Präsident von Genf ins Wasser fällt. Das Boot ist mit einer neuartigen Rettungsboje ausgerüstet, weshalb die Rettung auch gut und prompt gelingt. Im Fall von Anja ist dieser Traum von ganz besonders wichtiger Bedeutung; denn in der Realität ist ja ihr Vater, unversöhnt mit der Mutter, ausgezogen, das heißt, das Kind hat von den Eltern nicht unbedingt eine gute Streitkultur lernen können. Anja möchte zwar gegenüber dem Vater ihre Eigenständigkeit bewahren, sie möchte ihn aber nicht verlieren.

Beim Trennungsgeschehen kann jedoch nicht nur die Bereitschaft zur Trennungsarbeit aktiviert sein, vielfach ist dieses Geschehen auch von Trennungsangst begleitet. Die Trennungsarbeit begünstigt eine erfolgreiche, gute Ablösung, während die Trennungsangst viele notwendige Entwicklungsschritte verzögert, hemmt oder unmöglich macht. Wie Trennungsarbeit und Trennungsangst in der kindlichen Seele wirken, läßt sich anhand des 32. Traums gut deutlich machen:

Im neuen Haus (32. Traum, 11 Jahre 5 Monate)
Im neuen Haus des Vaters. Theodorakis kommt. Und er will Weihnachten nachfeiern. Auch für mich hat er ein Geschenk gemacht. Ich habe ein Bild für den Vater gemalt. Corinne schenkt mir zwei übermalte Bilder. Der Vater schaut meine Schreibkarten durch. Er sagt etwas von Marco. Der hat einen Schlüssel genommen und eine Tür geöffnet. Deshalb ist Corinne in ein Freibad geraten. Ich kann sie retten. Sie taucht so seltsam. Ein Bauer hat sein Holz so seltsam gebogen, daß es ins Rollen kommt.

Weihnachten ist ein Fest, das auch Familienmitglieder zusammenführen kann, die seit geraumer Zeit getrennt voneinander leben. Wenn das Bedürfnis entsteht, Weihnachten nachzufeiern, muß man fast davon ausgehen, daß die Familienmitglieder am eigentlichen Festtag nicht zusammengekommen sind. Dies könnte bei Familie Hofer tatsächlich der Fall gewesen sein; denn es ist nicht anzunehmen, daß Herr Hofer an Weihnachten zu Besuch kam, er hat Anjas Wohnort definitiv den Rücken zugekehrt. Insofern könnte der 32. Traum auch dem Wunsch Ausdruck geben, die Trennung der Eltern ungeschehen zu machen.

Wenn wir aber darauf achten, wer bei dieser Nachfeier zusammenkommt, so sind es nebst dem Vater und der Tochter ein Mitschüler und eine Mitschülerin Anjas. Den Wunsch, Weihnachten nachzufeiern, spricht denn auch Anjas Freund, Theodorakis, aus, der ihr ein Geschenk mitbringt. Aber Anja scheint nicht unvorbereitet zu sein, sie hat für den Vater ein Bild gemacht, das wohl als Geschenk gedacht ist. Wir richten nun das spezielle Augenmerk auf die Geschenke, und zwar interessiert uns zunächst, wer wem etwas schenkt. Bei der Gelegenheit möchten wir nochmals darauf hinweisen, daß alle Details eines Kindertraums von Bedeutung sind, und daß es sich daher lohnt, sich das Traumgeschehen genau zu vergegenwärtigen, bevor man versucht, eine mögliche Deutung zu gewinnen.

Theodorakis hat die Geschenke selber hergestellt, also nicht gekauft. Insofern handelt es sich um persönliche Geschenke, ohne daß sie die Traumerzählung beschreibt. Genauer ist die Erinnerung an Corinnes Geschenk: Es sind zwei Bilder, von denen außerdem gesagt wird, daß sie übermalt sind, und daß sie Anja geschenkt werden. Und Anja selber schenkt dem Vater ein Bild. Wenn wir die Traumerzählung richtig verstanden haben, so erhält Anja am meisten Geschenke, nämlich drei. Der Vater bekommt vermutlich zwei Geschenke, während Theodorakis und Corinne leer ausgehen.

Im Mittelpunkt unserer Betrachtung steht nicht die Trennung von Anjas Eltern, sondern ein Trennungsgeschehen, das immer die kindliche Entwicklung begleitet, aber äußerlich vielleicht nicht immer so deutlich sichtbar wird, wie wenn ein Elternteil auszieht und die Familie verläßt. Im Verlauf der Entwicklung wendet sich nämlich das Kind von der frühkindlichen engen Elternbindung ab und wendet sich zunehmend anderen Kindern und Erwachsenen zu. Dabei macht es die Entdeckung, daß ihm die Eltern gelegentlich ganz unwichtig werden, und es fürchtet sich davor, daß das Umgekehrte auch der Fall sein könnte, nämlich, daß auch für die Eltern das Kind nicht mehr die wichtigste Person sein könnte. In einem gewissen Sinn ist das sogar der Fall; denn für viele Eltern bedeutet es eine große Entlastung, wenn das Kind endlich in den Kindergarten geht und etwas selbständiger wird.

Bei dieser allmählichen Ablösung kann daher auch Trennungsangst aufkommen: Das Kind möchte zwar seine eigenen Interessen durchsetzen und, zum Beispiel, eine eigene Frisur wählen, aber es möchte gleichzeitig verhindern, daß es die Zuneigung der Eltern oder eines Elternteils vollständig verliert. Diese Trennungsangst hat Folgen: Das Kind leidet unter dem Gefühl, zuwenig Zuneigung zu geben, aber auch zuwenig zu bekommen. Beim Nachfeiern des Weihnachtsfestes im 32. Traum haben darum die Geschenke eine wichtige Bedeutung: In einer sichtbaren Form sollen Anja und der Vater etwas erhalten, das den Mangel ausgleicht und die Trennungsangst mildert.

Wie der 28. Traum vom «Ausziehen» enthält auch die 32. Traumerzählung zwei Geschichten: Erst nachdem mit den Geschenken die Trennungsangst beschwichtigt ist, kommt der Traumteil, der die Geschichte einer nicht ungefährlichen Ablösung enthält, zum Zug: Es ist die Geschichte von Marco, der einen Schlüssel genommen und eine Tür geöffnet hat. Mit diesem Schlüssel kann er offenbar ein Freibad aufschließen, was sonst möglicherweise Sache des Bademeisters, also Sache der Erwachsenen, ist. Weil aber der Knabe die Öffnung vornimmt, wird das Freibad zu einem unbeaufsichtigten Raum: Wer ohne Aufsicht darin baden geht, muß die Verantwortung selber übernehmen.

Interessanterweise erscheint die ganze Geschichte mit Marco als Erinnerung des Vaters, nachdem er Anjas Schreibkarten durchgesehen hat. Auf diesen Schreibkarten notiert Anja jedoch ihre Träume, das heißt, die Geschichte ist mit ihren Träumen verbunden, aber auch mit ihrer Fähigkeit, sich mit den Träumen zu beschäftigen. Die Kinderträume sind gewissermaßen ein Schlüssel zu einem autonomen Bereich, in welchem das Kind ganz neue Erfahrungen machen kann; allerdings ist es dabei ganz auf sich gestellt, was bedeudet, daß der Horizont nach vorn ganz offen ist, wie wenn das Kind bereits eine erwachsene Persönlichkeit wäre, die alle andrängenden großen Ereignisse des Lebens selbständig durchstehen muß.

Marco schließt nur das Freibad auf, er kümmert sich nicht weiter um Corinne, die durch die offene Tür ins Freibad gerät und dort «so seltsam» taucht, das heißt, sie verliert im Wasser möglicherweise die Kontrolle. Ein verantwortungsvoller Erwachsener würde das Kind gewiß im Freibad nicht allein lassen, Corinne fehlt also der Vater oder der Bademeister, der für sie schaut und sie notfalls rettet. Der Traumteil mit dem Freibad steht daher in einem engen Zusammenhang mit dem Traumanfang, in welchem mit dem Nachfeiern von Weihnachten, mit den Geschenken die Trennungsangst beschwichtigt werden soll. Corinne ist im 32. Traum das Kind, das eine Ablösung, eine

Trennung vollzogen hat, aber von der hinzugewonnenen Unabhängigkeit oder Freiheit überfordert ist. Sie würde daher eventuell untergehen oder ertrinken, wenn Anja nicht da wäre und sie retten würde. Die Mädchen dieses Traums sind zwei Seiten in Anjas Persönlichkeit, Trennungsangst und die Fähigkeit, damit umzugehen, aber – im Gegensatz zum nächsten Traum – auf zwei Personen verteilt.

Schutz und Schutzlosigkeit

Wir sind daran, die Bedeutung des Rettungsmotivs in Kinderträumen herauszufinden, und haben sehen können, daß viele weitreichende Bezüge zwischen der Rettung und dem Ablösungsprozeß bestehen. Mit jedem Trennungsschritt verliert oder entbehrt das Kind auch den Schutz oder die Führung, die ihm die Eltern bieten können, es muß sie selber entwickeln, und sie müssen ausreichend stark aktiviert sein, damit das Kind in der Gefahr selber bestehen kann. Wenn man daran denkt, wie viele Fehlleistungen oder Fehleinschätzungen erwachsenen Menschen unterlaufen, könnte man auch sagen, das Kind muß lernen, sich selber zu retten, es muß dafür besorgt sein, daß die gute vitale Neugier, der Hunger auf Abenteuer und auf neue Erfahrungen nicht von der Trennungsangst beeinträchtigt werden. Allerdings muß es sich auch schützen und die Tragfähigkeit des Schutzes zudem richtig einschätzen können, wie der 93. Traum, den wir als nächstes betrachten, sehr anschaulich zeigt:

Rettung (93. Traum, 12 Jahre)

Brigitte nervt mich, und dann rennt sie zu der Brücke. Sie spannt da einen Schirm auf und springt in den Bach mit viel Wasser. Der Schirm hilft aber nichts. Sie wird einfach mitgerissen. Ich renne dem Ufer entlang. Bei der Säge springe ich ins Wasser und schwimme Brigitte nach.

Der Traum beginnt relativ harmlos, mit einer Auseinandersetzung von zwei gleichaltrigen Mädchen, die auch im täglichen Leben stattfinden könnte: Die von den Eltern gut behütete, ein bißchen verwöhnte Brigitte ärgert Anja, vielleicht mit neckenden Worten, und läuft rasch davon, damit Anja ihr nichts antun kann. Möglicherweise ist Brigitte auch übermütig, jedenfalls verkennt sie die Gefährlichkeit des reißenden Bachs. Außerdem überschätzt sie die Möglichkeiten ihres Schirms, der eventuell nur ein gewöhnlicher Regenschirm, nicht aber ein Fallschirm ist. Vermutlich hat sie sich vom Schirm erhofft, er würde sie weit über den Bach hinaustragen, statt dessen fällt sie ins Wasser und wird vom Bach mitgerissen.

Fassen wir die Eigenschaften zusammen, die Brigitte erkennen läßt: Es sind sehr gute, vitale Züge, die dem kindlichen Leben Schwung geben, beispielsweise der Übermut oder die Fähigkeit, ein anderes Kind herauszufordern oder zu ärgern, was einer gesunden Art entspricht, die Kraft zu messen. Auch die Freude an der Bewegung, am Laufen, ja sogar die Sorglosigkeit, muß man durchaus als lebensfrohe, vitale Eigenschaften anerkennen. Wenn man sie aufzählt, hat man auch fast alles beisammen, was Anja im täglichen Leben abgeht: Sie lebt eher zurückgezogen, Auseinandersetzungen sucht sie keineswegs, sie macht sich mehr Sorgen als nötig, und sie bewegt sich eher gehemmt, das heißt, sie läßt ihrem Bewegungsdrang selten die Zügel schießen. Mit anderen Worten: Brigitte verkörpert gewissermaßen die andere Seite von Anjas Persönlichkeit, nämlich die vitale und lebensfrohe, der sie in ihrem Leben viel zuwenig Raum gönnt. Daher fällt es Brigitte natürlich auch leicht, Anja zu ärgern oder zu provozieren; denn sie hat gewiß oft Anlaß, Brigitte zu beneiden.

Diese gute und lebensfrohe Seite der Persönlichkeit droht im 93. Traum unterzugehen: Brigitte überschätzt die Möglichkeiten des Schirms, womit möglicherweise auch der Schutz, den die Eltern bieten, gemeint sein könnte. Der Schirm ist ja ein Gegenstand, den die Eltern für das Kind kaufen und den sie ihm mitgeben, damit es vor dem Regen geschützt ist. Man könnte in ihm auch den verlängerten Arm der mütterlichen Fürsorge sehen, der das Kind begleitet und bei einem Witterungsumschlag wirksam wird. Richtig eingesetzt, erfüllt der Schirm seinen Zweck genügend gut, aber er schützt nicht generell vor allen Gefahren. Im 93. Traum kommen daher nicht nur Brigittes schillernde und lebensfrohe Eigenschaften, sondern auch ihre Gefährdung zum Ausdruck: Die gut behütete (oder beschirmte) Tochter vergißt leicht, daß sie sich in gewissen Situationen nicht blind auf den Schutz, den ihr die Eltern spenden, verlassen darf. Man könnte auch sagen, daß ihr Autonomiestreben, jedenfalls im 93. Traum, nicht altersangepaßt entwickelt ist. Ein dreijähriges Kind kann dem Schirm, den ihm die Eltern mitgeben, durchaus magische Fähigkeiten zuschreiben, ein elfjähriges Mädchen hingegen sollte selbständig genug sein, um zu wissen, daß es von einem Schirm nicht getragen werden kann.

Brigitte verkörpert im 93. Traum gewissermaßen die noch unzureichend entwickelte Seite Anjas, die ziemlich stark von den Eltern abhängig, aber auch sehr vital ist. Gleichzeitig erscheint in diesem Traum auch ein gut entwickeltes Autonomiestreben; Anja läßt nämlich Brigitte nicht einfach untergehen, sie schätzt die Situation gut und unabhängig ein und unternimmt, ohne die Hilfe der Erwachsenen zu fordern, einen Rettungsversuch. Wenn das Rettungsmotiv in den Kinderträumen erscheint, sollte man daher immer prüfen, inwiefern die Überwindung der Trennungsangst im täglichen Leben des Kindes bereits Wirksamkeit entfaltet; denn diese Angst verhindert ja, daß das Kind in einer erweiterten sozialen Umgebung alle Seiten seiner Persönlichkeit optimal entfaltet. Damit wir diesen Zusammenhang besser verstehen, ziehen wir noch den 122. Traum zur Betrachtung heran, der ebenfalls ein Rettungsmotiv enthält:

Flutwelle (122. Traum, 12 Jahre 2 Monate)

Bei einem Schwimmbad muß Theodorakis das Stauwehr schließen, wenn eine Flutwelle kommt. Er schaut aber den

Badegästen zu. Und so verpaßt er die Flutwelle. Im letzten Moment kann er das Schleusentor doch noch schließen. Wenn die Flutwelle nur nicht Brigitte mitgerissen hat. Ich springe in den Fluß. Aber Brigitte ist bei der Schleuse oben. Das Tor ist schon rechtzeitig zu. Und Brigitte ist gar nicht in Gefahr. Die Flutwelle ist aber ungeheuer hoch und wuchtig.

Ein Stauwehr kann verschiedene Aufgaben erfüllen, das Stauwehr in diesem Traum hat vor allem den Zweck, Flutwellen aufzuhalten. Wie der Schirm im 93. Traum, den wir zuvor betrachtet haben, ist es eine Einrichtung, die Schutz verspricht. Interessanterweise bedient Theodorakis hier die Schließvorrichtung, man kann also eine gewisse Unabhängigkeit von der Fürsorge der Eltern beobachten. Zugleich läßt sich erkennen, daß der Knabe in Anjas Leben tatsächlich eine wichtige Rolle spielt, sonst würde er im Traum wohl kaum an einer derart verantwortungsvollen Stelle stehen. Auf der anderen Seite kann man auch sehen, daß ein Kind natürlich der Aufgabe als Schleusenwärter noch nicht vollständig gewachsen ist; denn Theodorakis sollte ja auf die Flutwellen aufpassen, er schaut aber den Badegästen zu und verpaßt die Flutwelle.

Hier kann man auch beobachten, daß Anja sehr achtsam das Geschehen verfolgt; sie bemerkt, daß Theodorakis' Aufmerksamkeit eingeschränkt ist, und meint folglich, daß sie Brigitte retten müsse. Sie springt in den Fluß, bevor sie entdeckt, daß sich die Mitschülerin bei der Schleuse oben in Sicherheit befindet. Für uns ist jedoch die Bereitschaft, Brigitte zu retten, ohne irgendeinen Erwachsenen um Hilfe zu bitten, von großer Bedeutung. Die Bereitschaft zeigt, daß Anja eine altersentsprechende Unabhängigkeit von den Eltern, ein gut aktiviertes Autonomiestreben entwickelt hat. In zwei Träumen ist also Brigitte gefährdet erschienen, und nie hat Anja gezögert, sie zu retten. Daraus können wir entnehmen, daß ihr viel an der lebensbejahenden und vitalen Seite gelegen ist, die Brigitte zum Ausdruck bringt.

Läßt sich die Entwicklung, die sich in Anjas Träumen abzeichnet, auch in ihrem täglichen Leben verfolgen? Tatsächlich wirkt die zwölfjährige Anja viel selbstsicherer, als sie früher erschienen ist. Ihre Schüchternheit hat abgenommen, und sie geht auch in ihrer Freizeit aktiv und voller Vitalität auf die anderen Kinder zu. Glücklicherweise haben sich auch die besorgniserregenden Anzeichen einer Magersucht aufgelöst, der Appetit ist zwar noch nicht konstant, aber die Mutter muß sich doch keine Sorgen mehr machen, daß Anja andauernd zu wenig ißt.

Insgesamt ist das gewiß eine erfreuliche Entwicklung, und wir wollen uns nun fragen, ob wir über das Rettungsmotiv in Kinderträumen auch Aussagen machen können, die von allgemeiner Bedeutung sind. Wenn in einem Kindertraum eine Rettung vorkommt, werden sich die Eltern bestimmt zunächst vergewissern wollen, ob die Rettung gelungen ist. Natürlich ist die gelungene Rettung ein günstiges Zeichen für die gute Entwicklung, aber man darf auch die Bedeutung von mißlungenen Rettungsversuchen nicht unterschätzen, in denen ein hohes Maß an Mut und Verantwortung zum Ausdruck kommt. Die Entwicklung aus der frühkindlichen Abhängigkeit ist mit so vielen Wandlungen und Veränderungen verbunden, daß Krisen und Störungen gar nicht ausbleiben können.

Natürlich ist nicht nur das Gelingen der Rettung von Interesse, es ist auch wichtig zu sehen, wer welche Person oder welches Tier im Traum rettet. Dabei kann man die Entdeckung machen, daß das Kind möglicherweise schon sehr selbständig lebt oder aber immer noch stark auf die Hilfe und den Schutz der Eltern oder anderer Erwachsener angewiesen ist. Sowohl die Abhängigkeit als auch die Unabhängigkeit sollte man nie voreilig beurteilen; denn der einzelne Traum ist gewissermaßen eine Momentaufnahme von der aktuellen psychischen Situation des Kindes, und er kann als solche manchmal ein Bild ergeben, das sich nicht mit dem Stand der langfristigen Entwicklung decken muß.

Das Rettungsmotiv in den Kinderträumen kann jedoch ein

Anzeichen dafür sein, daß das Kind die Ablösung von den Eltern recht gut vollzieht, und daß die Trennungsangst es nicht dazu verleitet, Hilflosigkeit vorzutäuschen oder sich selber hilflos vorzukommen, um von den Eltern immer mehr Zuneigung oder Zuwendung in Form von materiellen Gütern oder Leistungen zu erhalten.

Beim Versuch, Rettungsträume zu deuten, fährt man gut, wenn man dem täglichen Verhalten des Kindes Rechnung trägt, wenn man genau beobachtet, ob es sich altersangepaßt selbständig bewegt oder ob es eine gewisse Hilflosigkeit vortäuscht oder erlebt, um Leistungen zu empfangen, welche die Eltern eigentlich nur kleineren Kindern anbieten, die noch altersgemäß in einem starken Abhängigkeitsverhältnis zu einer umfassenden Versorgung stehen. Die gute Ablösung, die erfolgreiche Trennung rettet das Kind also vor einer Abhängigkeit, die der günstigen Entwicklung im Weg steht.

Das wichtige Tier

Einführung

Wenn die Eltern das Kind fragen, welches denn sein Lieblingstier sei, so gerät es nur selten in Verlegenheit. In der Regel nennt es ein Tier, das ihm besonders gut gefällt, sei es ein Tier aus seiner Umgebung, vielleicht ein Haustier, oder sei es ein Tier, das es im zoologischen Garten, in einem Bilderbuch oder im Fernsehen gesehen hat. Dieses Tier hat charakteristische Eigenschaften, die das Kind stark beeindrucken, möglicherweise sind es Eigenschaften, die es selber hat, oder die es gern entfalten möchte. Angesprochen fühlt es sich in jedem Fall von der ungebrochenen Vitalität, die das Tier zum Ausdruck bringt, es kann die wilde Vitalität einer Raubkatze sein oder aber auch die imposante Größe eines Elefanten. Auch Schlangen und andere Reptilien können die besondere Vorliebe eines Kindes gewinnen, weil sie irgendeine Ausstrahlung haben, von der es sich angezogen fühlt.

Die Eltern tun gut daran, wenn sie über das Lieblingstier nicht vorschnell urteilen und, zum Beispiel, sagen: «Eine Schlange ist doch nicht schön.» Das Lieblingstier ist nämlich mit der Vitalität des Kindes verbunden; würde man seinen Wert herabsetzen oder seine Abscheu zum Ausdruck bringen, so würde man auch etwas gegen die besondere Vitalität des Kindes sagen. Mit Vitalität meinen wir in dem Zusammenhang eine ungebrochene, aber auch eine ungebändigte Lebendigkeit, die sich mit erzieherischen Mitteln nicht leicht formen läßt. Es dürfte auch nie das Ziel der Erziehung sein, die Vitalität zu brechen, um ein «gutes» und braves Kind zu haben.

Die Vitalität des Kindes ist, wie gesagt, nicht nur schön und beeindruckend, sie kann das Zusammenleben auch erschweren, also den Eltern beträchtliche Schwierigkeiten bereiten. Aber auch das Kind kann von seiner eigenen Vitalität verunsichert werden, dann nämlich, wenn sich die vitalen Bedürfnisse mit den Anforderungen des angepaßten Lebens reiben. So kann es beispielsweise Ausdruck einer gesunden und starken Vitalität sein, wenn das Kind, ohne zu fragen oder ohne sich um die Folgen zu kümmern, im Nachbargarten Kirschen stehlen geht. Man kann dann seinen Mut und seine Kletterkünste bewundern, richtig wohl wird einem aber nicht dabei; denn das Ausleben dieser Vitalität verträgt sich sehr schlecht mit der guten Nachbarschaft, die man doch pflegen möchte. Auch ein Kind mit einem ausgeprägten Hang zum «Nachtleben», ein Kind, das erst nach Einbruch der Abenddämmerung so richtig aktiv wird, macht das Zusammenleben nicht gerade einfach.

Es geht also darum, die Vitalität verträglich zu machen, oder, anders gesagt, sie in Übereinstimmung mit dem Leben der anderen Kinder und Erwachsenen zu bringen, ohne ihre Schönheit anzugreifen, aber auch ohne sie zu dämpfen. Das ist gewiß alles andere als einfach, und es gibt sehr viele Kinderträume, in welchen sich die Selbstorganisation mit den Anforderungen der Vitalität und den ebenso starken Anforderungen der Anpassung auseinandersetzt. Diese Auseinandersetzung muß man sich als langen und andauernden Prozeß vorstellen, der für das Kind selber, aber auch für die Eltern nicht immer einfach verläuft. Es kann hilfreich sein, wenn das Kind den Eltern zuweilen einen Tiertraum erzählt, in welchem möglicherweise nicht nur seine Vitalität zum Ausdruck kommt, sondern auch die Anlage zu vielen großen und kleinen Konflikten, die es im Verlauf seiner Entwicklung auszutragen lernen muß. Anhand der Traumbilder können sich die Eltern vielleicht besser vorstellen, was im Kind vorgeht und warum es gelegentlich auch Dinge tut, die sie nicht recht verstehen, und die man erst aus sehr großer zeitlicher Distanz, und möglicherweise nicht ohne Bewunderung, als «Lausbubenstreich» oder «Lausemädchenstreich» akzeptieren kann.

Vitalität und Anpassung

Anjas Lieblingstier ist keine schnurrende Hauskatze, sondern ein wilder Tiger, ein weißer Tiger übrigens, von welchem sie leidenschaftlich gern Bilder und Stofftiere sammelt. Der weiße Tiger erscheint auch in den Träumen ihrer Traumserie, von denen wir einige betrachten wollen. Wir werden anhand der Träume auch feststellen, daß dieses Tier, das für Anja eine große Bedeutung erlangt hat und zum wichtigen Tier geworden ist, weitreichende Bezüge zu ihrer Vitalität, aber auch zur Freundin des Vaters, zu Claudia Cairoli, aufweist. Zunächst lassen sich äußerliche Bezüge auffinden: Die ehemalige Servierfrau liebt Kleider und Stoffe mit einem Tigermuster, welches Frau Hofer abscheulich findet. Wir können darin wiederum ein Beispiel für die Tatsache sehen, daß die Kinder nicht immer in die Fußstapfen der Eltern treten, sondern durchaus auch eigene Vorlieben und Neigungen entwickeln und sich dabei eigene Vorbilder wählen.

Die Bezüge sind jedoch nicht nur äußerlich: Während sich Anjas Mutter eine strenge Arbeitsdisziplin auferlegt und dem sinnlich-vitalen Leben wenig Raum gönnt, gilt Claudia Cairoli als lebensfrohe und unternehmungslustige Frau, die sich einige Freizügigkeit erlaubt. Anja bewundert die Lebendigkeit dieser Frau, die fröhlich auf alle Menschen zugeht und auch nicht viel Aufhebens von dem strengen Schlankheitsideal macht; denn nicht nur die Vitalität kann in gewissen Entwicklungsabschnitten ein etwas bizarres Verhalten hervorrufen, auch die übertriebene Anpassung geht nicht spurlos am seelischen Gleichgewicht des Kindes vorüber. Im 10. Traum, den wir als nächsten betrachten, kommt Anjas Bewunderung für den stolzen weißen Tiger deutlich zum Ausdruck, wobei auch die Verbindung des für sie wichtigen Tiers mit einem Pullover Claudia Cairolis kenntlich wird:

Das Schloß und der weiße Tiger (10. Traum, 11 Jahre 4 Monate) Eine wunderschöner weißer Tiger liegt an der Sonne vor dem Eingang von einem Schloß. Ein Teil darin gehört dem Vater. Das Haus darin muß wieder aufgebaut werden. Der Pullover von Claudia Cairoli und ich gleichen dem Tiger. Sie schläft dort. Sie hat ein seltsames Gesicht. Es sind vier.

Wenn man herausfinden möchte, was ein Tiertraum möglicherweise für eine Bedeutung hat, sollte man sich zunächst einmal das Tier, das dem Kind wichtig ist, genau vorstellen. Natürlich darf man sich nicht einfach eigenen Phantasien überlassen, sondern man sollte sich mit seiner Vorstellung möglichst nah an die Traumerzählung halten.

Beim vorliegenden 10. Traum fällt es uns gewiß nicht allzu schwer, uns den weißen Tiger vorzustellen: Er ist kein Arbeitstier wie beispielsweise eine Ameise, die rastlos unterwegs ist, sondern ein königliches Tier, das sich auch Muße gönnt und die angenehme Wärme der Sonne zu schätzen weiß. Der Tiger liegt stolz vor dem Eingang des Schlosses, niemand kann an ihm vorbei, und es ist auch nicht anzunehmen, daß er wie ein ängstliches Hündchen aufspringt und einem Besucher des Schlosses Platz macht. Der Tiger behütet gewissermaßen den Eingang des Schlosses, allerdings nicht mit angestrengter Aufmerksamkeit, sonst würde er nicht entspannt an der Sonne liegen. Er setzt großes Vertrauen in seine Kraft, aber auch in sein schnelles Reaktionsvermögen, weshalb er diesen Ort, an welchem er allen Blicken, aber auch möglichen Angreifern ausgesetzt ist, nicht zu fürchten braucht.

Es überkommt uns gewiß ein gutes und stolzes Gefühl, wenn wir uns in diesen weißen Tiger vor dem Schloßeingang einzufühlen versuchen. Die Einfühlung ist eine Möglichkeit, um der Vitalität des Kindes, das von diesem Tiger träumt, auf die Spur zu kommen. Äußerlich wirkt Anja nämlich sehr unruhig und schüchtern, man könnte sich gar nicht vorstellen, daß sie beispielsweise entspannt auf dem Liegestuhl vor dem Eingang des Restaurants liegen und mit ruhigen Blicken die eintretenden Gäste mustern würde. Die Vitalität, die im Traumtier zum Ausdruck kommt, muß also durchaus nicht die Eigenschaften haben, die das Kind im realen Leben nach außen kehrt und zeigt. Es ist durchaus möglich, daß das Kind für eine gewisse Zeit die Vitalität sogar unterdrückt und nur im Verborgenen auslebt.

Meistens erscheinen in der Umgebung des wichtigen Tiers Personen, die etwas mit ihm zu tun haben. Die Traumerzählung erwähnt ausdrücklich Claudia Cairoli, der Zusammenhang des Tigers mit der vitalen Frau, aber auch mit ihrer Vorliebe für Kleider mit Tigermuster ist sicher gegeben. In dieser Traumerzählung wird jedoch auch der Vater angesprochen: Ein Teil im Schloßinnern gehört ihm, nämlich ein Haus, das wieder aufgebaut werden soll. Man könnte darin das Bestreben von Anjas Selbstorganisation sehen, der sinnlich-vitalen Seite des Lebens, die ja auch der Vater, stark gegen außen gekehrt lebt, wieder Raum zu geben.

Sowohl der Tiger als auch Claudia Cairoli, die hier die Vitalität zum Ausdruck bringen, wirken nicht sehr aktiv. Der Tiger liegt an der Sonne, und Claudia Cairoli schläft. Man kann daraus ersehen, daß die Vitalität im Moment bei Anja nicht stark aktiviert ist. Vielmehr äußert sie sich in einem ruhigen Behagen, das Anja möglicherweise nur im Schlafzustand gewinnen kann. Claudia Cairoli kommt ihr denn auch nicht vertraut vor, «sie hat ein seltsames Gesicht», die sinnlich-vitale Seite ist ihr noch ziemlich fremd. Immerhin notiert Anja in der Traumerinnerung, daß sie dem Tiger gleicht, das heißt, sie identifiziert sich mit dem wichtigen Tier des 10. Traums.

Der Tiger und das Schloß kommen auch im 17. Traum vor; vielleicht können wir seine Bedeutung nun schon etwas besser verstehen:

Aufstieg zum Schloß (17. Traum, 11 Jahre 4 Monate)
Ich steige zu einem unbekannten Schloß hinauf. Auf dem Weg dort sehe ich ein paar Bauern mit Kühen. Ein Bauer hat

auch so Werkzeuge zum Klauenschneiden. Ein Bauer vom Nachbardorf treibt ganz viele Pferde hinauf, ganz verschiedene Rassen. Am Waldrand oben lauert aber ein weißer Tiger. Zuerst wollen ein paar Buben mich und die Mädchen vom Weitergehen abhalten. Aber ich sage ihnen, daß wir so oder so ins Schloß hinaufgehen würden.

Auch im realen Leben können nicht alle Tiere ein autonomes Leben führen, viele Tiere werden als Nutztiere gehalten, der Bauer oder die anderen Tierhalter nötigen sie zu zahlreichen Anpassungsleistungen, damit sie beispielsweise die Kühe melken und auf den Pferden reiten können. Erwachsene Menschen sehen in diesen Dressurakten wohl meistens nichts Besonderes mehr, sie empfinden sie einfach als notwendig. Das Kind neigt eher dazu, sich in das Tier einzufühlen, und so beschäftigt es sich auch damit, wie eine Kuh möglicherweise das Klauenschneiden erleben könnte.

Im vorliegenden 17. Traum begegnen wir der Anpassung gleich in drei Formen: Den Kühen sollen die Klauen geschnitten werden, Pferde verschiedener Rassen werden getrieben, und ein paar Knaben wollen Anja und den anderen Mädchen ihren Willen diktieren. Im weitesten Sinn hat das Klauenschneiden der Kühe tatsächlich mit der Anpassung zu tun: Weil sich die Kühe zuweilen auch im Stall aufhalten müssen, werden die Klauen nicht wie bei der natürlichen Fortbewegung genügend abgeschliffen, sie müssen deshalb geschnitten werden. Zu dem Zweck wird die Kuh in einen sehr engen Pferch getrieben, der zu behandelnde Fuß wird gar angeschnallt. Wenn man diese gewiß unumgängliche Pflege mit den sensiblen und neugierigen Augen eines Kindes betrachtet, entdeckt man, daß Anpassungsleistungen die natürliche Vitalität eines Tiers gelegentlich stark einschränken können.

Die Pferde ganz verschiedener Rassen haben selbstverständlich auch verschiedene Gangarten und Temperamente, sie werden jedoch im 17. Traum zusammen getrieben, das heißt, auch sie werden zu einer Anpassungsleistung gezwungen, bei welcher auf ihre natürliche, individuelle Eigenart nur wenig Rücksicht genommen wird. Und bei der Auseinandersetzung zwischen den Kindern möchten die Knaben die Mädchen vom Weitergehen abhalten; dabei handelt es sich ebenfalls um eine kollektive Anpassungsleistung, weil das einzelne Mädchen gar nicht um eine persönliche Stellungnahme gebeten wird. Diese Art von Streit entspricht dem Alter, in welchem sich Anja befindet. Elfjährige Mädchen und Knaben halten sich häufig in geschlechtergetrennten Gruppen auf und haben einen Hang zu mehr oder weniger ernsten, meist in Gruppen ausgetragenen Konflikten.

All diese Anpassungsleistungen sieht und erlebt Anja im 17. Traum auf dem Weg zu einem unbekannten Schloß, interessanterweise ist sie am Traumanfang ganz allein unterwegs. Auch der weiße Tiger, der am Waldrand oben lauert, hält sich nicht in einer Gruppe auf, sondern führt ein Eigenleben, das sich deutlich von dem der Kühe und Pferde unterscheidet. Wir finden in der Traumerzählung keinen Hinweis, daß sich Anja vor dem Tiger fürchtet. Hingegen bemerken wir bei Anja plötzlich ein sehr mutiges und entschiedenes Auftreten, als die Knaben die Mädchen am Weitergehen hindern möchten. Anja macht sich in dieser Situation zur Wortführerin der Mädchengruppe und teilt den Knaben unmißverständlich mit, daß die Mädchen ins Schloß hinaufgehen werden. Sie benimmt sich mutig wie ein Tiger, man könnte auch sagen, daß sie bestimmte Eigenschaften des für sie wichtigen Tiers integriert hat.

Integration und Abgrenzung

In der frühen Kindheit orientiert sich das Kind sehr stark an den Eltern, aber auch an den Situationen, in denen es sich gerade befindet. Wenn die Persönlichkeit eines Kindes zum Beispiel eine sehr wilde und stolze Seite hat, aber in einer Umgebung aufwächst, in der eher Anpassung und Tüchtigkeit verlangt und gefördert werden, so wird diese «wilde» Seite der Persönlichkeit in der Regel selten ausgelebt, das heißt, daß das Kind sich wahrscheinlich einseitig entwickelt: Es wird vielleicht zu Hause und in der Schule eher die angepaßte und tüchtige Seite der Persönlichkeit zeigen und dadurch auch gelobt und anerkannt werden. Würde das Kind beispielsweise in einer ganz anderen Gesellschaft aufwachsen, in welcher gerade die wilden Züge der Persönlichkeit und eine stolze, kriegerische Selbstbehauptung wichtig sind, so könnte es durchaus der Fall sein, daß das Kind im Lauf der Zeit «vergißt», daß in seiner Persönlichkeit auch eine andere, zur Anpassung und Einordnung neigende Seite ist, die jedoch, weil sie in diesem speziellen Alltag selten gefordert und auch gefördert wird, gewissermaßen unterentwickelt ist.

Es ist jedoch der psychischen Gesundheit nicht zuträglich, wenn sich das Kind allzu einseitig auf die eine oder andere Seite entwickelt; denn die Persönlichkeit des Kindes ist eine Ganzheit, in der alle Teile vorhanden sind und Raum beanspruchen. Wenn das Kind nur eine Seite nach außen kehrt und auslebt, muß die Selbstorganisation die Einseitigkeit ausgleichen und der verdrängten, vergessenen Seite einen Freiraum schaffen. Diesen Ausgleich oder diese Wiederherstellung der Ganzheit könnte man als Integration bezeichnen: Die ausgegrenzte, verdrängte Seite der Persönlichkeit wird von der Selbstorganisation vom Rand in die Mitte genommen, das brave, gut angepaßte Kind wird zum Entsetzen seiner Eltern plötzlich sehr wild und eigenmächtig, diese können sich gar nicht erklären, was im Kind auf einmal vorgeht. Da ist es natürlich von Vorteil, wenn das Kind zuweilen einen Traum erzählt, damit die Eltern ungefähr eine Ahnung von der Entwicklung, die sich anbahnt, bekommen; denn meistens zeichnen sich Veränderungen der Persönlichkeit sehr früh in den Kinderträumen ab, wie der nachfolgende 50. Traum zeigt:

Aus einem werden drei (50. Traum, 11 Jahre 8 Monate)
Ich pflanze eine Rose. Ich hätte sie fast vergessen. Ich rette aber einen jungen weißen Tiger. Da sind es drei. Und einer hat eine Zecke.

Der Anfang des Traums könnte sich auch im realen Leben ereignen: Ein Kind darf vielleicht im Garten eine Rose pflanzen, möglicherweise hat es auch eine Wildrose am Waldrand ausgegraben und im Garten eingepflanzt. Zuerst hat es große Freude an der Blume, geht täglich in den Garten, gibt ihr Wasser und schaut nach, ob sie schon etwas größer geworden ist. Etwas später findet das Kind die Rose nicht mehr so interessant, und es kann sogar geschehen, daß es sie vergißt. Nun gibt es zwei Möglichkeiten: Wenn das Kind Pech hat, verkümmert die Rose, die Wurzeln konnten vielleicht nicht gut genug einwachsen, oder andere Pflanzen haben die junge Rose überwachsen und verkümmern lassen. Wenn das Kind Glück hat, erlebt es eine schöne Überraschung: Aus der kleinen Rose ist eine große geworden, möglicherweise trägt sie schon eine oder mehrere Blüten.

Der Anfang des 50. Traums steht im Zusammenhang mit der Rettung eines jungen weißen Tigers, von daher muß man fast annehmen, daß das Vergessen der Rose keine oder nur geringe schädlichen Folgen zeitigte. Außerdem heißt es in der Traumerzählung, daß Anja die Rose nur «fast» vergessen hätte, das heißt, sie ist gerade noch im rechten Moment in den Garten gekommen, um die Rose zu retten oder um sich an ihren Blüten zu freuen. Die Rückkehr in einen vergessenen Teil des Gartens hat also mit der Rettung des jungen weißen Tigers zu tun.

Man könnte diesen Teil des Traums als Integration, als Tätigkeit der Selbstorganisation zur Wiederherstellung der Ganzheit, verstehen: Im Traumzustand erinnert sich Anja daran, daß ihre Persönlichkeit auch eine sinnlich-vitale, wilde Seite hat, die sie beinahe vergessen hätte, weil ihr Tagbewußtsein fast alle Kräfte in die Anpassung investiert. Man könnte sogar sagen, daß Anja fast gesundheitsschädigend überangepaßt gelebt hat; denn die besorgniserregenden Anzeichen der Magersucht stehen ja im Zusammenhang mit einem merkwürdigen Schlankheitsideal, das in viele Gespräche, die sich ums Essen drehen, appetitschädigend eingreift. «Die feine Glace hat ja zu viele Kalorien», heißt es dann beispielsweise, oder: «Zwischendurch sollte man nichts essen.» All diese gutgemeinten Ratschläge, mit denen das Gewicht unter Kontrolle gebracht werden soll, haben auch eine bösartige Seite, dann nämlich, wenn sie übertrieben werden oder wenn die gesunde, vitale Eßfreude des Kindes zerstört wird.

Wir sind davon ausgegangen, daß Kinderträume unter Umständen wichtige Veränderungen der Persönlichkeit vorwegnehmen können: Der gerettete weiße Tiger ist noch sehr jung, man darf ihn jedoch nicht unterschätzen. Er hat die Anlage, ein kräftiges, wildes Tier zu werden, das man gewiß nicht wie eine Hauskatze halten kann. Wenn die Eltern die Träume ihrer Kinder ernst nehmen, läßt sie ein solcher Traum aufhorchen. Das Kind hat eine wilde Seite, es hätte sie fast vergessen, nun hat aber die Selbstorganisation im Traum die wilde Seite gerettet, das heißt: integriert. Es ist also damit zu rechnen, daß sie im täglichen Leben bald aktiv wird. Wenn die Eltern einen solchen Traum verstehen, können sie sich innerlich auf die Veränderung des Kindes vorbereiten. Veränderungen gibt es im Verlauf der Entwicklung immer wieder, die Eltern sollten nicht versuchen, sie zu unterdrücken, sondern sie sollten eher anstreben, eine neue Einstellung zu gewinnen, die es ihnen ermöglicht, mit dem veränderten Verhalten des Kindes positiv umzugehen; denn wenn die sinnlich-vitale Seite des Kindes zum Zuge kommt, geht das immer auf Kosten der Anpassung, das heißt, das Kind wird sich unter Umständen für eine geraume Zeit nicht mehr so brav verhalten, wie es die Eltern gewohnt sind, es wird sich möglicherweise deutlich abgrenzen, wie es im 96. Traum zum Ausdruck kommt:

Schäfer (96. Traum, 12 Jahre)

Ein Schäfer hütet vor dem Dorf die Herde in der Abendsonne. Er hat ein wunderbares langhaariges Pferd. Dann fragt er, ob ich für ihn etwas einkaufe. Und ich sage ja und gehe aber mit einem komischen Raubkatzengang, also irgendwie auf den Zehenspitzen. Im Dorf wäre ich sogar fast mit einer alten Frau zusammengestoßen. Der Schäfer trifft aber mit mir vor dem Laden ein. Mit diesem Raubtiergang bin ich halt eben sehr langsam gewesen.

Es ist der Beruf des Schäfers, für die Tiere zu schauen und sie beisammenzuhalten. Er hat daher eine große Nähe zum vitalen Leben der Tiere, wobei die Schafe domestizierte Haustiere sind, die in der Herde leben; er hütet also keine wilden Einzeltiere, welche ein vom Menschen unabhängiges Leben führen und für sich selber schauen. Auch das wunderbare, langhaarige Pferd, das der Träumerin gefällt, wird nicht als wild beschrieben, es scheint sich bei der Schafherde aufzuhalten und könnte dem Schäfer möglicherweise als Lasttier dienen. Unter einem Schäfer stellt man sich einen ruhigen, aufmerksamen Mann vor, der vielleicht gelegentlich auch streng zu einem Tier sein kann, das aus der Herde ausschert oder die anderen, friedlich weidenden Tiere stört. Er hat eine schützende, behütende Aufgabe und ist insofern auch eine väterliche Figur.

Eigentlich ist es klar, daß man diesem freundlichen Mann wohl keine Bitte ausschlagen wird, und darum erklärt sich die Träumerin auch sofort dazu bereit, für ihn im Dorf etwas einkaufen zu gehen. Man könnte in dieser Bereitwilligkeit durchaus eine Anpassungsleistung sehen; denn ein trotziges oder eigensinniges Kind würde möglicherweise den Schäfer, die Herde und das Pferd anschauen gehen, um seine Schaulust zu befriedigen, aber dem Schäfer wohl kaum einen Gefallen erweisen.

Interessant ist jedoch die Art und Weise, wie Anja den Botengang ausführt: Gegenüber einer alten Frau im Dorf zeigt sie sich sehr unachtsam, weshalb sie auch fast mit ihr zusammengestoßen wäre. Der Grund für diese Unachtsamkeit ist in einer sehr speziellen Gangart zu suchen, den die Träumerin einen «komischen Raubkatzengang» nennt. Sie geht irgendwie auf den Zehenspitzen, was die Katzen, anatomisch gesehen, ja auch tun – und, nicht zu vergessen, die Frauen, die Schuhe mit hohen Absätzen tragen. Man könnte also den 96. Traum so verstehen, daß Anja beim Anblick der Herde in Berührung mit ihrer eigenen, sinnlich-vitalen Seite gekommen ist, die nun in einer eigenartigen Gangart körperlich aktiviert wird.

Die Integration der sinnlich-vitalen Seite hat zur Folge, daß die Träumerin lustvoll, selbstbezogen auf den Zehenspitzen voranschreitet, also sich gewissermaßen ein bißchen selber erhöht, anderen Menschen hingegen weniger Beachtung schenkt und sich demzufolge deutlich abgrenzt. So ist es nicht weiter verwunderlich, daß Anja die alte Frau etwas zu spät wahrnimmt. Daß sie sich für ihre Unachtsamkeit nicht entschuldigt, könnte möglicherweise als Anpassungsmangel oder Ungezogenheit empfunden werden. Es fällt auch auf, daß es die Träumerin mit der Erledigung des Botengangs nicht besonders eilig hat, im Gegenteil, sie scheint mit ihrem lustvollen Raubkatzengang so viel Zeit verbummelt zu haben, daß der Schäfer unruhig geworden ist und sie im Dorf sucht, wobei er gleichzeitig mit ihr vor dem Einkaufsladen eintrifft. Anstatt sich zu entschuldigen, bemerkt Anja nur, daß sie mit ihrem Raubtiergang sehr langsam gewesen ist, sie denkt gar nicht daran, daß es für den Schäfer unangenehm sein könnte, auf sie zu warten und sich eventuell Sorgen um ihren Verbleib zu machen. Man könnte auch sagen, daß Anja in der Abgrenzung gegen andere Menschen etwas weit geht, daß sie von ihrer sinnlich-vitalen Seite so sehr eingenommen ist, daß die Gefahr besteht, von ihr überwältigt zu werden.

Überwältigung und Selbstorganisation

Die Kinderträume können also den Eltern relativ früh anzeigen, wenn sich in der Selbstorganisation des Kindes Veränderungen anbahnen. Das wichtige Tier, das möglicherweise das Lieblingstier des Kindes ist und vielleicht auch in mehreren Träumen vorkommt, spielt dabei eine wichtige Rolle: Die Eltern können eventuell anhand der Kinderträume frühzeitig einen Hinweis bekommen, daß das seelische Gleichgewicht des Kindes ins Wanken gerät. Erfahrene Eltern, die bereits ein Kind von der frühen Kindheit bis in die Stürme der Pubertät begleitet haben, werden von den frühen Anzeichen möglicher Veränderungen und Krisen wohl weniger verunsichert als junge Eltern, die das Heranwachsen des erstgeborenen Kindes mit gespannter Aufmerksamkeit verfolgen.

Es gibt in der gesunden und günstigen Entwicklung des Kindes tatsächlich immer wieder einen Wechsel von Zeiten, in denen es sich gut angepaßt verhält, möglicherweise fast zu einer besorgniserregenden Überanpassung neigt, und Zeiten, in denen es sich sehr wild und eigensinnig gibt, weil es viel stärker auf die eigenen Bedürfnisse als auf die Forderungen der Erwachsenen eingeht. Wenn das Kind über sehr lange Zeit die «wilde» Seite, also den sinnlich-vitalen Bereich in sich, unterdrückt hat, besteht natürlich die Gefahr, daß sich die vitalen Bedürfnisse heftiger melden, als wenn der seelische Haushalt einigermaßen ausgeglichen ist. Mit einem ausgeglichenen seelischen Haushalt meinen wir eine gute Anpassung des Kindes, die nicht übertrieben ist: Das Kind beträgt sich zwar in der Regel recht anständig, schlägt aber hin und wieder auch über die Stränge, weil die Anpassung doch eine sehr hohe Leistung ist, die dem Kind viel abverlangt, so daß sie nicht rund um die Uhr aufrechterhalten werden kann. Im Fall von Anja würden wir von einem unausgeglichenen Haushalt sprechen: Die Anpassung ist übertrieben stark, während der sinnlich-vitale Bereich unterdrückt und verdrängt ist, was unter anderem im besorgniserregenden Appetitmangel zum Ausdruck kommt. Die Integration der Vitalität kann daher von relativ heftigen und ungezügelten Verhaltensänderungen begleitet sein; nicht umsonst hat Anja ein Raubtier zu ihrem Lieblingstier erkoren. Der 105. Traum, den wir als nächsten betrachten, zeigt die wilde Seite in Aktion:

> **Auf das Dach führen** (105. Traum, 12 Jahre 1 Monat)
> Der weiße Tigerkater schleicht sich in die Küche. Er springt auf den Tisch und stiehlt dort eine Wurst. Dann jage ich ihn zum Fenster hinaus. Und dann führt ein großer weißer Tiger den Tigerkater auf das Dach.

Der weiße Tigerkater ist ein entfernter Verwandter des großen weißen Tigers, im Unterschied zu seinem großen Verwandten ist er ein Haustier, das heißt, er läßt sich, wenigstens teilweise, domestizieren. Allzu große Anpassungsleistungen wird man aber auch von einem Kater oder von einer Katze nicht erwarten dürfen, die meisten Katzenbesitzer wissen sehr wohl, daß sich die Katze nicht wie ein Hund dressieren läßt. Man kann ihr nie abgewöhnen, Mäuse oder Vögel zu jagen, und daß sie gar nie etwas in der Küche stehlen würde, dafür würde gewiß kein Katzenbesitzer die Hand ins Feuer legen. Auf der anderen Seite hat die Katze auch ein großes Einfühlungsvermögen, sie spürt sehr wohl, was die Menschen leiden mögen und was sie nicht dulden. Darum stiehlt sie eher selten vor den Augen der Menschen etwas in der Küche, aber wenn sie sich zufälligerweise einmal allein dort aufhält, sind Fleischwaren, Käse oder Eier vor ihr nicht unbedingt sicher.

Im 105. Traum schleicht sich ein weißer Tigerkater in die Küche, um eine Wurst zu stehlen. Die Träumerin bemerkt sein Eindringen und den Diebstahl zu spät, sie jagt ihn zum Fenster hinaus und stellt dabei fest, daß er sich von einem großen Tiger führen läßt, der offenbar ein gleichartiges Fell hat. Viele Katzenbesitzer würden mit der Schulter zucken und sich damit begnügen, die Würste besser zu versorgen. Es mag daher ein bißchen merkwürdig tönen, wenn wir im Zusammenhang mit diesem Wurstdiebstahl von einer Überwältigung sprechen. Natürlich wird die Träumerin bei diesem Diebstahl nicht überwältigt, und auch der Schaden hält sich in Grenzen, für uns ist jedoch von Interesse, daß der Kater im 105. Traum nicht einfach vertrieben wird oder entkommt, sondern daß er sich ganz aus dem menschlichen Bereich (dem Haus) begibt und sich der Führung einer viel stärkeren Vitalität, dem großen Tiger, überläßt. Einen diebischen Kater kann man noch einigermaßen in Schranken weisen, einen ausgewachsenen Tiger jedoch nicht.

Wenn die Eltern wirklich den Vorsatz fassen, Kinderträume ernst zu nehmen, dann tun sie gut daran, solche Überwältigungen besonders sorgfältig zu beachten. Eine Überwältigung kann man daran erkennen, daß das wichtige Tier den Bereich, in welchem die Menschen die Verhältnisse bestimmen können, verläßt und übermächtig wird. Solche Kinderträume können unter Umständen anzeigen, daß der vital-sinnliche Bereich im Moment für das Kind eine viel stärkere Anziehungskraft hat als die Anerkennung, die es mit Anpassungsleistungen gewinnt. In diesem Zustand ist es zu allerlei Taten oder Untaten fähig, die den Eltern einiges Kopfzerbrechen bereiten können.

Tatsächlich konnte man feststellen, daß Anja in der Zeit, als sie den 105. Traum träumte, sehr launisch war. Im Gegensatz zu früher wußte die Mutter oft nicht, wo sie sich aufhielt und mit wem sie unterwegs war. Frau Hofer machte sich große Sorgen; denn Anja kehrte auch nicht pünktlich zum Abendessen zurück. Es war schwierig, ja sogar unmöglich, eine vernünftige Auskunft von ihr zu bekommen. Wahrscheinlich trieb sie sich mit Theodorakis herum; denn auch die Mutter des Knaben hatte allen Grund, beunruhigt zu sein. Anjas Mutter konnte sich nur in einem Punkt beruhigen: Ihre Tochter aß plötzlich mit Heißhunger, und wenn man ihr zusah, mußte man sich wundern, daß eine so schmächtige Gestalt derartige Mengen verschlingen konnte. Anja bekam nun eine gesunde Hautfarbe, sie wirkte nicht mehr schüchtern oder zerbrechlich, und auch die motorische Unruhe, die nervösen, hastigen und ziellosen Bewegungen, ließen sich nicht mehr beobachten. Hingegen störte es Frau Hofer beträchtlich, daß sich Anja gegenüber den Gästen im Restaurant sehr frech benahm und alle Arbeiten im Haus verweigerte. Auch Anjas Lehrer zeigte sich über die Entwicklung besorgt; denn aus der pflichtbewußten, ängstlichen und überangepaßten Schülerin war in kurzer Zeit ein nachlässiges, vorlautes Mädchen geworden, das häufig den Unterricht störte und sich nur wenig aus den Zurechtweisungen machte.

Die Eltern und auch die Lehrpersonen werden natürlich durch eine solche Veränderung der Persönlichkeit sehr verunsichert. Wir konnten jedoch verfolgen, daß sich diese Entwicklung in Anjas Träumen anbahnte und daß sie gerade in den Tigerträumen besonders deutlich zum Ausdruck kam. Es lohnt sich daher, auf das Tier zu achten, das einem Kind besonders wichtig ist, vor allem, wenn es in seinen Träumen auffällig häufig wiederkommt und wenn viele Anzeichen darauf hindeuten, daß eine recht schwierige Integration des sinnlich-vitalen Bereichs ansteht. Der Prozeß, den wir hier beschreiben, kann sich selbstverständlich auch weniger deutlich entfalten, so daß die Eltern nicht viel davon merken. Änderungen im Eßverhalten, das unerwartete Wegbleiben oder Ausgehen, ein etwas rotznasiges oder kratzbürstiges Verhalten können den Eltern bisweilen auffallen, wenn die andere Seite der Persönlichkeit, die wilde und unangepaßte, durchbricht und das Verhalten des Kindes teilweise dominiert.

Für die gesunde und günstige Entwicklung des Kindes ist die Integration des sinnlich-vitalen Bereichs von erheblicher Bedeutung; denn auf die Dauer wird das seelische Gleichgewicht des Kindes gestört, wenn es seine Vitalität im täglichen Leben andauernd unterdrückt. Jedes Kind reagiert anders, wenn es von seiner wilden Seite überwältigt wird, und man kann auch nicht mit Sicherheit sagen, wie lange eine Überwältigung dauert und welchen Verlauf sie nimmt. Wieder können die Kinderträume sehr verläßliche Hinweise geben, wie die Selbstorganisation des Kindes mit der Überwältigung umgehen kann, ob es sich möglicherweise um eine schwierige, aber gutartig verlaufende Integration handelt, oder ob mit einer ernsthaften Entwicklungsstörung zu rechnen ist. Im Fall von Anja kann man den 127. Traum zu einer Einschätzung der Entwicklung heranziehen; denn das wichtige Tier spielt darin wiederum eine zentrale Rolle:

Der weiße Tiger (127. Traum, 12 Jahre 3 Monate)
Ich gehe über einen Bach. Und da habe ich einen weißen Tiger. Alles liegt dann an mir. Ich muß nämlich ganz allein auf ihn aufpassen.

Das Überschreiten eines Fließgewässers in den Kinderträumen kann oft darauf hindeuten, daß sich ein Kind in einer wichtigen Übergangssituation befindet. Man kann auch im realen Leben die Feststellung machen, daß es nicht einfach ist, einen Fluß oder einen Bach ohne Brücke zu überqueren. Das Wasser ist bewegt, man kann nicht überall auf den Grund sehen, und oft sind die Steine von einer Algenschicht überzogen, so daß man leicht ausrutschen und stürzen kann. Je nachdem hat man auch mit der Strömung zu kämpfen, und man ist gewiß froh, wenn man sicher und unbeschädigt das andere Ufer erreicht.

Bei der Überquerung des Bachs im 127. Traum erlebt Anja keine besonderen Schwierigkeiten, man könnte daher annehmen, daß sie den Übergang von der Phase, in welcher Anpassungsleistungen ihre Vitalität stark einschränkten, zum neuen Lebensabschnitt, in welchem der sinnlich-vitale Bereich plötzlich sehr wichtig wird, relativ gut bewältigt. Anlaß zu dieser günstigen Prognose bieten die beiden bedeutsamen Sätze in der Traumerzählung: «Alles liegt dann an mir. Ich muß nämlich ganz allein auf ihn (den Tiger) aufpassen.»

Auf der anderen Seite des Bachs hat Anja also einen weißen Tiger, das heißt, die Selbstorganisation hat das Tier, das in ihrem

Leben wichtig geworden ist, integriert. Im 127. Traum ist Anja gewiß glücklich und stolz, einen Tiger zu besitzen. Sie merkt aber auch, daß es ein schwieriges, möglicherweise auch ein gefährliches Tier ist. Doch sie ist dazu bereit, die Verantwortung zu übernehmen, das heißt, mit der Integration des sinnlich-vitalen Bereichs ist auch ihr Autonomiestreben wieder stark aktiviert, die Selbstorganisation möchte altersangepaßt autonom die Persönlichkeit steuern und nicht Überwältigungen ausgeliefert sein. Teilweise wird diese neue Haltung in Anjas realem Leben bereits sichtbar: Die Verhaltensschwierigkeiten bilden sich langsam wieder zurück, wobei ein etwas freches Lachen und ein leicht verwegener Blick von nun an zu Anja gehören.

In Anjas Tierträumen kam also eine Persönlichkeitsveränderung zum Ausdruck, die im großen ganzen günstig verlief. Die Auseinandersetzung mit der «wilden» Seite ihrer Persönlichkeit ist damit noch lange nicht abgeschlossen; denn das Leben wird Anja immer wieder neue Anpassungsleistungen abverlangen, die möglicherweise die Vitalität einschränken können. Es ist durchaus denkbar, daß für ein Kind im Verlauf der Entwicklung ein anderes Tier wichtig wird, das dann in den Träumen in Erscheinung tritt. Nicht selten träumt das Kind vom eigenen Haustier, vom Hund, von der Katze oder von einem Pferd, auf dem es zuweilen reiten darf. In den meisten Fällen können sich die Eltern anhand dieser Tierträume ein gutes Bild von der Vitalität und Gesundheit ihres Kindes machen, die ja stark davon abhängen, daß es die Möglichkeit hat und findet, seine «wilde» Seite zu integrieren.

Die Mutter und das Kind

Einführung

Im Berufsleben ist der Unterschied zwischen der Rolle, die jemand übernimmt, und der Person, die jemand ist, möglicherweise einfacher auseinanderzuhalten als im privaten Leben. So wird zum Beispiel von einer Coiffeuse gewiß niemand erwarten, daß sie sich rund um die Uhr zur Haarpflege zur Verfügung stellt. Sie hat ihre festen Arbeitszeiten, in welchen sie ihre Aufgabe als Coiffeuse professionell erfüllt. Nach dem Feierabend hängt sie die Schürze an den Haken und verläßt als Privatperson das Geschäft, und es käme keiner Kundin in den Sinn, außerhalb der Arbeitszeit ihre Dienste als Coiffeuse zu beanspruchen. Im privaten Bereich der Familie ist es wahrscheinlich wesentlich schwieriger, die Rollen und die Person nicht zu vermischen.

Noch heute gibt es Männer, die ihre Frau mit «Mutter» ansprechen, und zwar aus dem einfachen Grund, weil die Frau nach der Geburt des ersten Kindes, sozusagen automatisch, in die Mutterrolle schlüpfte und der Mann vermutlich nie ganz wahrhaben wollte, daß es sich dabei um eine Rolle, nicht um die Person selber handelt, daß die Frau nicht nur Mutter, sondern zum Beispiel auch attraktive Liebespartnerin, Bankangestellte und leidenschaftliche Hobbygärtnerin ist. Man mag über die seltsame Angewohnheit dieser Männer lachen, aber es ist tatsächlich schwierig, im Familienleben eine Vermischung von Rolle und Person in jeder Situation zu vermeiden.

Das Kind im Säuglingsalter lernt die Mutter zunächst nur in der Rolle als Mutter kennen, sie schenkt ihm Zuwendung, stillt seine Bedürfnisse und sorgt für sein Wohlergehen und die Körperpflege. Wenn die Mutter sorgfältig darauf achtet, daß die Fähigkeiten des Kindes zunehmen, daß es mit der Zeit die Nahrung selber zu sich nehmen kann, ohne gefüttert zu werden, daß es sich selber ankleiden kann, ohne angezogen zu werden, wird sie die Mutterrolle immer «schlanker» machen, das heißt, sie überträgt dem Kind zunehmend mehr Verantwortung für die Selbstbesorgung und legt nur noch dort Hand an, wo das Kind wirklich hilfsbedürftig ist.

Die Mutterrolle ist jedoch nicht nur an praktische Verrichtungen gebunden, es gibt in den ersten Lebensmonaten des Kindes eine tiefe emotionale Verbundenheit zwischen Mutter und Kind, von der sich sowohl die Mutter als auch das Kind nicht gern trennen. Was sich in dieser Verbundenheit alles abspielt, läßt sich von außen nur als ein natürliches Abhängigkeitsverhältnis beschreiben, eine Abhängigkeit von großer Schönheit übrigens, die nirgends sonst im menschlichen Leben eine solch vitale Berechtigung hat. Man könnte auch sagen, daß in den ersten Lebensmonaten die Selbstorganisation des Kindes mit derjenigen der Mutter weitgehend vermischt ist, weil das Kind erst allmählich und gewiß nicht ohne Trennungsangst merkt, daß die Mutter nicht immer verfügbar ist und daß es sich zeitweise allein ertragen muß. Wenn das Autonomiestreben des Kindes gut aktiviert ist, löst es sich langsam aus dieser frühen Abhängigkeit und beginnt, relativ selbständig zu fühlen, zu denken und zu handeln, wobei es die Folgen vieler Fehleinschätzungen und Fehlleistungen ertragen muß; denn das Risiko zu stürzen beispielsweise ist viel größer, wenn das Kind allein und nicht an der Hand der Mutter geht. Es kann sich auch die Hand verbrennen, sich eine Erkältung zuziehen, kurz: Die Mutter muß ein großes Interesse haben, ihre Rolle wirklich «schlank» zu machen, sonst findet sie jeden Tag unzählige Gelegenheiten, um dem Kind hilfreich zur Seite zu stehen und die frühe Abhängigkeit zu verlängern.

Wie im realen Leben erlebt das Kind auch in seinen Träumen diese Abhängigkeit zuweilen als Erleichterung der Lebensbewältigung, indem es sich sagt: Die Mutter ist immer für mich da. Es kann aber auch das Umgekehrte der Fall sein, daß das Kind die gutgemeinte Hilfe als Einmischung oder Belästigung empfindet. Diese Gefühle sind einem ständigen Wechsel unterworfen und beeinflussen natürlich stark die Träume. Daran müssen die Eltern denken, wenn ihnen das Kind einen Traum erzählt, in welchem die Mutter vorkommt. Wenn es genug Mut und Vertrauen hat, wird es auch davon berichten, daß in dem einen oder anderen Traum die Mutter eine sehr ungünstige Rolle spielt.

Das kann möglicherweise Betroffenheit und Verunsicherung auslösen. Die Mutter kann sich beispielsweise fragen: Was habe ich denn falsch gemacht, daß mein Kind so schlecht von mir träumt? Wenn man die Frage so stellt, ist sie unter Umständen schwer zu beantworten, weil man gewissermaßen in der jüngsten Vergangenheit nach Fehlern sucht, die man sich zuschulden kommen ließ. Rückblickend würde man sich eventuell in einigen Situationen anders verhalten, aber das hilft wenig; denn die Vergangenheit ist nicht veränderbar, man kann sie nur aus verschiedenen Gesichtswinkeln betrachten und entsprechend beurteilen. Daher sollte sich die Mutter durch die Kinderträume nicht zum Grübeln verleiten lassen. Sinnvoller ist es, wenn sie das Hauptaugenmerk auf die Mutter*rolle* richtet, wie sie im Traumgeschehen zum Ausdruck kommt.

Ein Traumbild ist weder eine exakte Fotografie noch ein detailgenauer Dokumentarfilm, sondern immer nur eine Momentaufnahme des Zustands, in welchem sich die kindliche Selbstorganisation gerade befindet. Bevor sich die Mutter also Vorwürfe macht, sollte sie daran denken, daß sie in erster Linie eine unabhängige, erwachsene Frau ist, die unter anderem auch eine Mutterrolle ausfüllt. Wie das Kind diese Mutterrolle erlebt, ist Sache der kindlichen Selbstorganisation. Manchmal sagt ein Kind vielleicht, es habe eine schlechte Mutter, bloß weil es zu bequem ist, sich selber ein Butterbrot zu streichen. Es ist wirklich seine Freiheit, bequem zu sein und Serviceleistungen zu verlangen, die ihm gar nicht zustehen. Wenn aber der Service ausbleibt und es deswegen die Mutter nicht gerade zu loben mag, so hat diese gewiß auch die Freiheit, sich über die noch sehr unselbständige Selbstorganisation des Kindes allerlei Gedanken zu machen.

Abhängigkeit und Ablösung

Wir werden uns im folgenden zwei Mütterträume aus Anjas Traumserie ansehen. Um sie besser zu verstehen, stellen wir den Träumen ein paar Gedanken über Abhängigkeit und Ablösung voran. Wir haben uns möglicherweise in der Einführung zu diesem Kapitel ein bißchen lustig gemacht über die Bequemlichkeit des Kindes, das zu faul ist, sich selber ein Butterbrot zu streichen. Möglicherweise neigen einige Mütter dazu, das Kind sofort zu entschuldigen, indem sie sagen: «Das Kind hat gar keine Zeit, sich selber das Brot zu streichen.» Das mag richtig sein, aber ebenso wahr ist es, daß das Kind sehr wohl eine Viertelstunde früher aufstehen kann und somit Zeit für drei bis vier Brote gewinnt. Doch es kann manchmal auch für die Mutter bequemer sein, dem Kind die Schuhe zu binden, als alle möglichen Folgen zu ertragen, die eintreten, wenn es zu lange am Schuhbinden ist, zu spät zur Schule kommt und betrübt nach Hause zurückkehrt, weil es wegen der Verspätung gerügt worden ist.

Gewiß sind sowohl das Streichen des Butterbrots als auch das Schuhebinden kleine Banalitäten des Alltags, aber es lohnt sich, über die Bequemlichkeit nachzudenken. Würde das Kind nämlich am Morgen frisch-fröhlich und frühzeitig aufstehen, also keinen Anflug von Bequemlichkeit erkennen lassen, so wäre eine ganze Reihe von Serviceleistungen der Mutter überflüssig. Das Kind würde täglich die Ablösung üben, die für die Entwicklung der Selbstorganisation und des Autonomiestrebens so wichtig ist. Gleichzeitig müßte die Mutter das Kind selbstverständlich auch aus der Abhängigkeit entlassen, die unter Umständen gar nicht mehr altersangepaßt ist. Die Bequemlichkeit, also die Neigung, sich versorgen zu lassen, verbunden mit der Weigerung, Verantwortung zu übernehmen, läßt sehr häufig auf ein Abhängigkeitsverhältnis schließen, das nicht mehr dem Lebensalter des Kindes entspricht.

In den Kinderträumen, in denen die Mutter vorkommt, kann man daher recht deutlich sehen, wie gut das Autonomiestreben des Kindes entwickelt oder aktiviert ist. Je nachdem entdeckt man eine altersunangepaßte Bedürftigkeit, die auch im täglichen Leben zum Ausdruck kommt, an die man sich aber so sehr gewöhnt hat, daß sie dort gar nicht mehr auffällt. Es kann in diesen Kinderträumen aber auch zum Ausdruck kommen, daß sich die kindliche Selbstorganisation umfassend auf eine Ablösung vorbereitet. Äußerlich, im täglichen Leben, mag das Kind vielleicht noch sehr anhänglich und bequem erscheinen, innerlich jedoch ist es möglicherweise in Uneinigkeit mit sich selber, weil es nicht mehr so abhängig, sondern lieber etwas selbständiger sein möchte. Diese Uneinigkeit kann im Traumgeschehen in der Weise zum Ausdruck kommen, daß die Mutter und das Kind verschiedene Positionen einnehmen:

Shirt (79. Traum, 11 Jahre 11 Monate)

Ich und die Mutter gehen in einen Laden. Die Mutter will mir ein Shirt kaufen, aber ein kurzärmliges. Und das brauche ich ja gar nicht im Winter. Ich möchte eben ein Shirt mit langen Ärmeln. Der Aufdruck gefällt mir auch nicht. Es steht drauf: «Für den Tigerverein».

Dieser Traum erinnert an Szenen, die man in jedem Warenhaus beobachten kann: Die Mutter möchte für das Kind ein Kleidungsstück kaufen, das ihm nicht gefällt. Das Kind trägt dagegen allerlei Einwände vor; denn möglicherweise ist seine Ablösung von der Mutter bereits so weit fortgeschritten, daß es ganz andere Vorlieben als diese und auch einen eigenen Geschmack entwickelt hat. Obwohl es vielleicht schon lange den Weg zum

Geschäft selber zurücklegen und auch mit Geld umgehen kann, gehen die Mutter und das Kind gemeinsam einkaufen, das heißt, die Auseinandersetzung wird in das Warenhaus verlagert, und erst dort soll sich entscheiden, ob die Mutter oder das Kind den Willen durchsetzt.

Wäre das Autonomiestreben des Kindes gut aktiviert, so würde es sagen: «Ich kann meine Kleider doch allein einkaufen, du mußt gar nicht mitkommen.» Die Mutter würde zu Hause die Position der Erwachsenen, also das Haushaltsbudget, vertreten und sagen: «Für deine Kleider können wir monatlich einen bestimmten Betrag zur Verfügung stellen. Kaufe gute Ware ein, damit die Kleider haltbar sind und dir im Winter warm geben, und bedenke, daß du am Wachsen bist und daß dir allzu ausgefallene Sachen vielleicht schon bald nicht mehr gefallen.» Möglicherweise beherzigt das Kind die Ratschläge der Mutter, dann gelingt der selbständige Einkauf gut, oder das Kind läßt sich von einer Laune zu einer falschen Wahl verleiten, dann muß es die Folgen im wörtlichsten Sinn selber tragen: ein Kleidungsstück, das ihm vielleicht schon bald nicht mehr gefällt oder das sich als nicht zweckmäßig herausstellt.

Im 79. Traum erscheinen die Position der Mutter und die des Kindes wie umgekehrt: Die Mutter denkt nicht an den bevorstehenden Winter; denn sie wählt ein Shirt mit kurzen Ärmeln aus. Das Shirt hat außerdem einen Aufdruck, welcher der Tochter mißfällt, möglicherweise stört sie gerade das Wort «Verein», das auf eine kollektive Organisation hindeutet, weil sie sich lieber individuell organisieren möchte. Wenn Anja den Traum der Mutter erzählen würde, könnte sich diese hintersinnen, ob sie bei den Einkäufen in den vergangenen Wochen irgend etwas falsch gemacht habe. Viel einfacher ist es, den Kindertraum als Traum ernst zu nehmen, also sich zu fragen, wie es um die Selbstorganisation des Kindes bestellt ist.

Folgendes läßt der 79. Traum sofort erkennen: Eine teilweise Ablösung von der Mutter muß stattgefunden haben, sonst würde sich das Kind ohne Protest von der Mutter einkleiden lassen. Auf der anderen Seite besteht auch eine nicht altersangepaßte Abhängigkeit; denn die Tochter geht mit der Mutter einkaufen, als würde sie das Kleidergeschäft nicht allein finden und als wäre sie unfähig, mit Geld umzugehen. In der Auseinandersetzung zwischen Mutter und Kind kommt eine Uneinigkeit des Kindes mit sich selber zum Ausdruck: Die Selbstorganisation schwankt zwischen Ablösung und Abhängigkeit. Daß die Tochter in diesem Traum vernünftige Einwände vorträgt und somit die überlegene Position einnimmt, weist darauf hin, daß die Ablösung in der Realität gestärkt werden sollte.

Der Vorgang der Ablösung ist ein lange andauernder Prozeß, der die kindliche Selbstorganisation von der frühen Kindheit bis ins Erwachsenenalter beschäftigt. In den Kinderträumen kann man diesen Ablösungsprozeß bildhaft und anschaulich verfolgen und erkennen, daß immer wieder rückläufige Neigungen zu einer altersunangepaßten Abhängigkeit vorkommen. Offenbar ist die Überwindung der Bequemlichkeit, die Aktivierung des Autonomiestrebens, eine große Anstrengung, die das Kind nicht andauernd leisten kann. Mann kann daher im gleichen Zeitraum Kinderträume finden, in denen die Abhängigkeit eine wichtige Rolle spielt, wie auch solche, in denen die Uneinigkeit mit sich selber, das Schwanken zwischen Ablösung und Abhängigkeit, in den Vordergrund tritt. Und selbstverständlich wird man auch Träume finden, in denen die Ablösung ganz deutlich zum Ausdruck kommt, wie zum Beispiel im 62. Traum:

Geburt (62. Traum, 11 Jahre 9 Monate)

Eine Frau, ich weiß nicht, wer das ist, aber sie bekommt ein Kind. Und das gelingt ihr nur so gut, weil bereits schon ein Kind im gleichen Zimmer ist. Die Kinder haben ganz andere Gesichter. Sie gleichen der Mutter überhaupt nicht.

Bei der Geburt verläßt das Kind den Körper der Mutter, die Nabelschnur wird abgeschnitten, die Geburt ist gewissermaßen die körperliche Ablösung von der Mutter. Die körperliche Einheit ist aufgehoben, Mutter und Kind sind von nun an zwei Personen, wobei sich das Kind, entwicklungsbedingt, relativ schnell verändert, mehr Haare, Zähne bekommt, größer wird, im Zeitraum der ersten drei Lebensjahre unheimlich viel hinzulernt. Unter anderem entwickelt es auch die Fähigkeit, sich von der Mutter wegzubewegen, es gewinnt eine eigene Sicht der Welt und der Dinge, und bei gut aktiviertem Autonomiestreben kann es nicht ausbleiben, daß es bald schon sehr viele Sachen selber verrichten möchte, wobei es möglicherweise noch ein bißchen ungeschickt vorgeht und mit der Mutter in Konflikt gerät, die es immer wieder vor Schaden bewahren und Ordnung halten möchte.

Im 62. Traum gelingt die Geburt gut, weil bereits ein Kind im gleichen Zimmer anwesend ist, dessen körperliche Ablösung, die Geburt, schon vollzogen ist. Die Traumerzählung erwähnt nicht, ob es in verwandtschaftlicher Beziehung mit der gebärenden Mutter steht, aber es muß der Frau doch sehr nahestehen, sonst könnte es bei diesem wichtigen und sehr intimen Ereignis nicht dabei sein. Interessanterweise nimmt dieses Kind eine zentrale Bedeutung ein. Es ist weder von einer Hebamme noch von einem Arzt die Rede, sondern die Traumerzählung hält ausdrücklich fest, daß das Kind für das Gelingen der Geburt verantwortlich oder zuständig ist. Wenn wir also vom 62. Traum auf den aktuellen Zustand, in dem sich die Selbstorganisation Anjas befindet, schließen wollen, so können wir ein gut aktiviertes Autonomiestreben feststellen: Die Position des Kindes ist eindeutig gestärkt, vor allem aber gelingt die Ablösung in diesem Traum gut.

Vielleicht lohnt es sich, noch einen Blick auf das Traumende zu werfen. Die Traumerzählung schließt mit den Worten: «Die Kinder haben ganz andere Gesichter. Sie gleichen der Mutter überhaupt nicht.» Diese Sätze bringen sehr deutlich zum Ausdruck, daß das Geschehen dieses Traums stark zur Ablösung tendiert. Das Gesicht ist ein wichtiges Persönlichkeitsmerkmal, das heißt, wenn das Gesicht des Kindes ganz anders als dasjenige der Mutter ist, so hat es auch eine von der Mutter unterscheidbare, eigene Persönlichkeit. In der Zeit, in der Anja diesen Traum träumte, reagierte sie besonders ablehnend auf die sorgenden Bemühungen der Mutter, sie wollte nicht mehr besonders zum Essen ermuntert werden, und auch die Kleider legte sie sich selber zurecht. Sie ging sogar soweit, daß sie die eigene Wäsche teilweise selber besorgte, und die Ordnung in ihrem Zimmer stellte sie selbständig her. Diese Veränderungen kamen für die Mutter unerwartet, und auch wenn sie in die richtige Richtung wiesen, mußte sich Frau Hofer doch daran gewöhnen, daß sie beispielsweise zuerst an die Tür klopfen mußte, bevor sie Anjas Zimmer betreten durfte. Auch von der Mutter verlangt die Ablösung die Fähigkeit, loslassen zu können und dem Kind den neuen Handlungsspielraum, den es verlangt, zu gewähren.

Autonomiestreben und Beziehung

In den meisten Beziehungen, auch in der Beziehung zwischen Mutter und Kind, schafft ein relativ gleichbleibendes Verhalten Vertrauen, das heißt, wenn die Mutter in etwa immer gleich reagiert und ihre Gewohnheiten kaum verändert, so ist das Kind selten irritiert. Umgekehrt hält auch die Mutter das Kind für verläßlich und geht beispielsweise mit großer Sicherheit davon aus, daß es nach der Schule nicht bummelt, sondern prompt nach Hause kommt, sich zurückmeldet und mitteilt, was es plant, bevor es wieder ausgeht. Wäre das Kind unzuverlässig, würde es einmal pünktlich heimkehren, ein andermal aber nicht, so hätte die Mutter Mühe, dem Kind Vertrauen zu schenken. Wenn plötzlich solche Schwankungen oder auch überraschende Veränderungen im Verhalten auftreten, kann es nicht ausbleiben, daß dies die Beziehung zwischen Mutter und Kind erschwert, ja daß unter Umständen die Beziehung einer schweren Belastungsprobe unterzogen wird. Das kann zum Beispiel der Fall sein, wenn das Kind eine neue Freundin oder einen neuen Freund hat, der es zum Bruch mit lange gepflegten Gewohnheiten veranlaßt.

Die Beziehungen, die das Kind mit anderen Kindern oder Erwachsenen unterhält, sind jedoch nur eine mögliche Ursache für Verhaltensänderungen oder für umfassende Veränderungen der Persönlichkeit. Häufig wählt das Kind dann eine neue Freundin oder einen neuen Freund, wenn sich seine Einstellungen gewandelt haben. Denkbar ist auch, daß es aus diesem Grund einer bestehenden Beziehung eine neue Bedeutung beimißt. Wenn die Eltern glauben, die Änderungen im Verhalten des Kindes wären nur auf den Einfluß eines anderen Kindes zurückzuführen, können sie sich daher täuschen; denn im Verlauf seiner Entwicklung macht das Kind viele Veränderungen durch. Die wichtigste ist möglicherweise die wachsende Unabhängigkeit: Es kann immer mehr Angelegenheiten selber erledigen, ohne auf eine Begleitung oder Führung angewiesen zu sein. Daher verändert sich auch seine Beziehung zur Mutter: Wenn das Autonomiestreben gut aktiviert ist, möchte das Kind, im Gegensatz zur frühen Kindheit, gar nicht mehr immer von der Mutter oder vom Vater begleitet sein, es kann die Gegenwart eines Elternteils sogar als störend empfinden, wenn es mit Gleichaltrigen etwas unternimmt. Die Mutter kann sich dadurch zunächst zurückgesetzt und verletzt fühlen, bis es ihr gelingt, sich über das Autonomiestreben des Kindes zu freuen und es zu genießen, daß sie vom Kind nicht mehr so stark beansprucht wird.

Im 73. Traum kommt die Auflösung der engen Mutter-Kind-Beziehung besonders deutlich zum Ausdruck:

In den Sand malen *(73. Traum, 11 Jahre 10 Monate)*

Ich und die Mutter und Theodorakis gleiten in einem kleinen Boot über einen See. Theodorakis spielt Gitarre. Am Ufer malt er Figuren in den Sand, immer mehr. Er zeichnet aber auch viele Wege. Es gibt ein wunderbares Labyrinth.

Ich und die Mutter wollen es ihm nachmachen. Aber niemand kann es so gut wie der Theodorakis. In seine Bilder kann man nämlich hineingehen. Bei mir und bei der Mutter geht das nicht. Die Mutter will zu den Blumen im Schatten. Ich will erst mitgehen, wenn die Sonne untergegangen ist.

Wenn wir beim Lesen dieser Traumerzählung auf die Sprache achten, finden wir eine auffällige Wiederholung von «ich und die Mutter», als würden Anja und die Mutter immer das gleiche tun, gewissermaßen eine Person, nicht zwei sein. Beide werden auch als sehr passiv geschildert: Während Theodorakis Gitarre spielt, hören sie ihm offenbar nur zu. Er malt Figuren in den Sand, ein ganzes Labyrinth, das die Mutter und die Tochter bewundern, bevor sie es ihm nachmachen wollen. Das heißt, sie beginnen kein eigenständiges Werk, und sie sind auch nicht zufrieden, weil es ihnen nicht so gut wie Theodorakis gelingt. In die Bilder, die sie machen, kann man auch nicht hineingehen. Im Vergleich zu Theodorakis ist ihr Autonomiestreben sehr schwach aktiviert. Man merkt zudem, daß das Mädchen von den Künsten des Knaben fasziniert ist, während die Mutter lieber zu den Blumen im Schatten gehen will.

An dieser Stelle bricht die gewiß nicht altersangepaßte Einheit von Anja und der Mutter auseinander: Anja möchte bei Theodorakis bleiben, bis die Sonne untergegangen ist. Möglicherweise wurde sie von der Mutter aufgefordert, sie zu begleiten, aber Anjas Autonomiestreben ist plötzlich aktiviert, sie entscheidet sich, bei Theodorakis zu bleiben, und so sind am Traumende vermutlich Anja und Theodorakis beisammen, während die Mutter allein ist.

Die Übergangssituation ist am Traumanfang im Boot charakterisiert: Ohne einen deutlich genannten Antrieb gleitet das kleine Boot über den See, es ist keine heftige Bewegung, und es muß auch niemand eine Anstrengung unternehmen, damit sich das Boot bewegt. Es gibt im 73. Traum auch einen gleitenden Übergang von der Mutter-Kind-Beziehung in die Beziehung von

Mädchen und Knabe. Letzterer erscheint in diesem Traum sehr aktiv und kreativ, was er auch im realen Leben ist. Man kann noch weitere Bezüge zwischen diesem Traum und dem realen Leben auffinden: Die Mutter hatte in der Zeit, als Anja ihn träumte, Mühe mit dem unsteten Leben, das die Tochter zu führen begann. Sie beklagte sich, daß Anja selten zu Hause sei und möglicherweise die ganze Zeit mit Theodorakis durch die Gegend streife. Es machte ihr auch Sorgen, daß sie nicht wußte, wo die beiden Kinder waren und was sie unternahmen.

Die Aktivierung von Anjas Autonomiestreben hat also die Beziehung zwischen der Mutter und der Tochter verschlechtert. Das muß nicht unbedingt der Fall sein; denn die Mutter hätte schon früher mit Anja eine verbindliche Tagesstruktur entwickeln können, in der auch allerlei Streifzüge der Tochter gut Platz haben. Wenn nun die Tochter häufiger ausgeht, so hätte die Mutter zum Beispiel abmachen können, daß sie sich jeweils zu einer bestimmten Zeit zum Essen treffen. Die Mutter müßte dann beispielsweise nicht sagen: «Du hast mich nicht mehr so gern, du vertraust mir nicht mehr alles an.» Statt dessen hätte sie Wert auf die Einhaltung der Strukturen legen können, was gewiß keiner Beziehung abträglich ist.

Man versteht aber gut, daß Frau Hofer noch andere Gründe hat, sich über das lange Ausbleiben der Tochter zu beklagen: Die Trennung von ihrem Mann ist alles andere als glimpflich verlaufen, und während er in der neuen Liebesbeziehung mit Claudia Cairoli recht glücklich lebt, ist sie mit der Tochter allein im Restaurant zurückgeblieben. Die besorgniserregenden Anzeichen der Magersucht, die Anja zeigte, bereiteten ihr gewiß viele Sorgen, hatten aber möglicherweise auch den nützlichen Nebeneffekt, daß sie sich nicht mit ihrer eigenen Lebenssituation beschäftigen mußte. Wir erwähnen diesen Zusammenhang nur, um zu verdeutlichen, daß die Aktivierung des Autonomiestrebens und die daraus folgenden Veränderungen der Mutter-Kind-Beziehung nie nur eine Angelegenheit des Kindes sein können.

Die Mutter sollte wirklich ein echtes Interesse daran haben, daß ihr Kind immer unabhängiger wird, und dazu gehört auch, daß sie möglichst früh die Mutterrolle «schlank» macht und sich neben der Erziehung und Begleitung des Kindes auch ein unabhängiges Erwachsenenleben gönnt. Sonst kann es geschehen, daß die übereifrig betriebene Mutterrolle in Konflikt mit der kindlichen Selbstorganisation gerät, die ja das Leben des Kindes zunehmend unabhängiger steuern möchte und auf Einmischungen unter Umständen sehr heftig reagiert, wie man anhand des 87. Traums sehen kann:

Segelschiff (87. Traum, 12 Jahre)
Die Mutter will nicht, daß der Vater so ein Bild oder einen Schatz aus einem Stein klopft. Dann steige ich mit dem Vater in ein großes altes Segelschiff. Alle Leute auf dem Schiff tragen alte Kostüme, und es sind nur Frauen. Aber sie haben eine fremde Frau an Bord gelassen, die gratis mitfahren will. Da nehme ich ein Schwert. Die Frauen auf dem Schiff nehmen auch das Schwert. Sie drängen die fremde Frau ins Wasser zurück. Sie könnte das Steuerruder anfassen.

Seit sich Anjas Eltern getrennt haben und der Vater ausgezogen ist, ist das Thema «Trennung» für Anja aktuell geworden. Im 87. Traum steigt sie mit dem Vater in ein großes, altes Segelschiff, das möglicherweise weit weg von der Mutter fährt. Im Besteigen des großen Schiffs könnte das gut aktivierte Autonomiestreben zum Ausdruck kommen, Anja traut sich zu, unabhängig von der Mutter in der weiten Welt bestehen zu können. Allerdings gibt es eine Vorgeschichte, die zu denken gibt und die in Verbindung mit dem Besteigen des Schiffs steht: Am Anfang der Traumerzählung erscheint der Vater sehr aktiv und kreativ, er möchte ein Bild oder einen Schatz aus einem Stein klopfen. Die Mutter ist aber dagegen, daß er sich als Bildhauer betätigt, das heißt, sie mischt sich in sein Leben ein, wobei die Traumerzählung keinen Grund für die Einmischung angibt.

Möglicherweise ist der Vater daher verärgert und besteigt das Segelschiff. Anja bleibt nicht bei der Mutter, das heißt, sie (ihre Selbstorganisation) ist mit der Einmischung auch nicht einverstanden, weshalb sie gleich wie der Vater reagiert.

Auf dem Schiff droht eine weitere Einmischung, die alle Besatzungsmitgleider gefährden könnte: Man hat eine fremde Frau an Bord gelassen, die «gratis» mitfahren will, das heißt, daß sie sich nicht aktiv an den Arbeiten, die auf dem Segelschiff anfallen, beteiligen möchte. Hingegen steht offensichtlich zu befürchten, daß sie sich am Steuerruder vergreifen und den Kurs ändern möchte. Die Befürchtung muß recht groß und ernst sein; denn kaum hat man die fremde Frau an Bord genommen, greift Anja zum Schwert. Damit kommt zum Ausdruck, daß Anjas Selbstorganisation grimmig dazu entschlossen ist, der Kursänderung, dem Eingriff ins Steuer zu begegnen. Die Abwehr ist keine Sache des Vaters, er ist nach dem Besteigen des Schiffs ganz aus dem Blickfeld verschwunden. Dagegen treten die Frauen in Aktion, welche wohl die Besatzung stellen. Die Traumerzählung erwähnt ausdrücklich, daß es nur Frauen sind, und auch sie greifen zum Schwert und drängen die fremde Frau ins Wasser zurück.

Für das Verständnis dieses Traums ist wichtig, darauf zu achten, daß das Kind die Abwehr der Einmischung initiiert hat: Anja nimmt zuerst das Schwert, und es ist niemand auf dem Schiff, der beschwichtigend sagen würde: «Wir können den Konflikt doch auch friedlich lösen, möglicherweise läßt die fremde Frau das Steuerruder in Ruhe.» Die ganze Besatzung geht geschlossen gegen die fremde Frau vor, was bedeutet, daß in Anjas Selbstorganisation eine große Entschlossenheit ist, Einmischungen abzuwehren.

Eltern werden sich wahrscheinlich fragen, was man unternehmen sollte, wenn der Kurs der Selbstorganisation so stark in die Richtung der Unabhängigkeit weist, weil ein zwölfjähriges Kind doch gewiß noch nicht selbständig genug ist, um alle Entscheidungen, die sein Leben betreffen, selber fällen zu können.

Ein Traum wie dieser hat tatsächlich alle Anlagen, um die Mutter oder die Eltern zu verunsichern. Bei solchen und ähnlichen Verunsicherungen, welche die Auseinandersetzung mit Kinderträumen auslösen kann, vor allem, wenn im Traum die Mutter nicht gerade im günstigsten Licht erscheint, muß man sich deutlich vor Augen führen, daß die Bildersprache des Traums keine absolute Autorität ist, die man immer eindeutig versteht und nach welcher man sich sofort richten muß, sondern sie zeigt einen Zustand an, in dem sich die kindliche Selbstorganisation *im Moment* befindet. Wie im realen Leben, in welchem die Stimme des Kindes und die Stimme der Erwachsenen gelegentlich unterschiedliche Standpunkte vertreten, das gegenseitige Anhören und Ernstnehmen jedoch die Qualität des Zusammenlebens ausmachen, sollte man sich auch im Umgang mit Kinderträumen daran gewöhnen, den eigenen, erwachsenen Standpunkt, aber auch die Tendenzen der eigenen Selbstorganisation zu überdenken, bevor man sich dem Schmerz einer möglichen Verletzung oder Betroffenheit überläßt. Kinderträume können jedoch einen wichtigen Beitrag leisten, um zu verstehen, was in der Selbstorganisation des Kindes vorgeht, was sich als nächstes anbahnt, und wie zum Beispiel die Mutterrolle aus dem ernst zu nehmenden, aber auch eingeschränkten Blickwinkel des Kindes bewertet wird.

Der Vater und das Boot

Einführung

Obwohl Anjas Vater die Familie verlassen hat, träumt Anja sehr oft von ihm, weil er in ihrer Selbstorganisation einen starken Eindruck hinterließ. Selbstverständlich mögen alle Lebenspartner, die Kinder haben, die Mutter- und Vaterrolle auf ihre Weise definieren; bei der Familie Hofer war es so, daß die Vaterrolle von Herrn Hofer durch zwei wichtige Merkmale geprägt war: Erstens zeigte er in allen Situationen, in denen die Tochter die Eltern provozierte, ein starkes Durchsetzungsvermögen, er beharrte auf seinen Forderungen und ließ auch dann nicht davon ab, wenn sich das Kind einzuschmeicheln versuchte oder ihm mit Geschrei zusetzte. Zweitens übte er seinen Beruf als Wirt mit großer Leidenschaftlichkeit aus, er liebte es, in der Gesellschaft eine Rolle zu spielen, und bildete dadurch eine Art Bindeglied zwischen der Familie und der Gesellschaft, weshalb er auch für das Kind nicht immer gleich verfügbar wie die Mutter war.

Im folgenden werden wir aus Anjas Traumserie ein paar Träume herausgreifen, in denen der Vater vorkommt, und wir werden versuchen herauszufinden, welche Bedeutung der Vater in Kinderträumen möglicherweise haben könnte. Auch bei der Betrachtung von Vaterträumen müssen die Eltern daran denken, daß sich die kindliche Selbstorganisation in verschiedenen Zuständen befinden kann: Manchmal ist sie dringend auf das väterliche Durchsetzungsvermögen angewiesen, dann kann der Vater in den Kinderträumen eine sehr positive Gestalt annehmen. Wenn sich die Selbstorganisation des Kindes jedoch in einem Zustand befindet, in welchem die Bereitschaft zur aktiven

Lebensbewältigung aus verschiedenen Gründen eher etwas eingeschränkt ist, kann der Vater im Traum möglicherweise auch als bedrohliche oder bedrängende Figur erscheinen, obwohl der reale Vater im täglichen Leben das Kind gar nicht besonders stark zum Handeln auffordert.

Die Auseinandersetzung mit der Vaterrolle kann auch in Kinderträumen zum Ausdruck kommen, die sich mit der sozialen Anpassung beziehungsweise mit Verweigerungen beschäftigen. Die Anpassungsleistungen, die das Kind im Kindergarten, in der Schule oder in einer Gruppe gleichaltriger Kinder, aber auch in anderen öffentlichen Situationen, zum Beispiel in einem Warenhaus, im Schwimmbad oder in der Kirche, erbringen muß, können es gelegentlich überfordern, weil es vielleicht von eigenen, inneren Prozessen zu sehr beansprucht ist. In solchen Fällen können Verweigerungen auftreten, das heißt, das Kind weigert sich, bestimmte Erwartungen zu erfüllen, indem es sich sehr ungeschickt verhält, schnell ermüdet, nur geringe, mangelhafte oder gar keine Leistungen erbringt. Mehr Kopfzerbrechen kann den Eltern eine Art Clownverhalten bereiten: Das Kind verweigert die Anpassungsleistungen, indem es die anderen Menschen mit einem auffälligen, destruktiven oder unangepaßten Verhalten verunsichert oder provoziert.

Wenn der Vater in den Kinderträumen vorkommt, kann man möglicherweise auch auf einen Zustand der kindlichen Selbstorganisation schließen, in welchem die Gemeinschaft und die Individualität neue Bedeutungen erlangen. Es gibt Zeiten in der Kindheit, in denen sich das Kind ganz gern ins Kollektiv einordnet, ja sogar gern darin verschwindet, weil es dort weniger auf die eigene Bewegung achten muß, sondern sich an den anderen Kindern orientieren kann. Manchmal zieht es das Kind jedoch vor, die Individualität zu betonen, es grenzt sich deutlich von den anderen Kindern, aber auch von den Gepflogenheiten der Erwachsenen ab. Möglicherweise kommt es dabei mit den Normen und Gewohnheiten in Konflikt, oder es muß die Kritik von Kindern und Erwachsenen ertragen können, die ihre Eigenheiten weniger zur Schau tragen. Das Leben in der Öffentlichkeit, das Spannungsfeld von Gemeinschaft und Individualität, kann unter Umständen im Traum eine Beziehung zur Vaterrolle aufweisen, vor allem, wenn der reale Vater ein Bindeglied zwischen Familie und Öffentlichkeit ist.

Durchsetzungsvermögen und Passivität

Durchsetzungsvermögen braucht es im Umgang mit Menschen, aber auch bei der Bearbeitung eines Materials oder bei der Verwirklichung von Plänen. Im Zusammenleben kommt es häufig vor, daß ein Kind in eine Gruppe gerät, die seine Ziele und Vorstellungen nicht teilt, die etwas ganz anderes vorhat und es gern überstimmen würde. Wenn das Kind zum Beispiel gern Fußball spielen würde, und einige Mitglieder der Gruppe sind noch unentschlossen oder finden es interessanter, Drachen steigen zu lassen, so braucht das Kind einiges Durchsetzungsvermögen, um genug Mitspieler für den Fußball zu gewinnen. Für die Grundstimmung eines Kindes ist es auf die Dauer nicht gut, wenn es das Gefühl bekommt, daß seine Ideen nie berücksichtigt werden, oder wenn es unter dem Gedanken leiden muß, daß es gar nie gefragt wird, daß die anderen mit ihm machen, was ihnen gerade einfällt.

Wenn beim Kind das Gefühl vorherrscht, daß es keine oder nur geringe Chancen hat, sich in alltäglichen Situationen durchzusetzen, kann es einer unheilvollen Passivität oder Gleichgültigkeit verfallen. Es entwickelt dann nur selten eigene Ideen, langweilt sich häufig und zeigt bei vielen Spielen oder Unternehmungen wenig oder gar keine Begeisterung. Das Unheilvolle an der Passivität ist, daß sie das Kind hemmt und lähmt, wodurch die Chancen, daß es sich in einer Gruppe erfolgreich durchsetzen kann, noch geringer werden. Mit der Zeit gewöhnt es sich an die Erfolglosigkeit und hat auch nur noch wenig Interesse, mit anderen Kindern zusammen etwas zu unternehmen.

Auch das Material kann dem Kind einigen Widerstand entgegensetzen: Im Kopf mag eine Baumhütte schon bezugsbereit und fertig sein, in der Realität müssen aber alle Grundbalken auf den Baum geschleppt werden, und dann ist noch nicht einmal der Boden gelegt. Das Material hat sein Gewicht, und gerade ein Baum mit einer weitverzweigten Krone, der zum Hüttenbauen ideal ist, weist immer wieder einen sperrigen Ast auf, der den Materialtransport behindert. Widerstand bietet jedoch nicht nur das Material, sondern auch der eigene Körper, der unter Umständen bald Ermüdung und Erschöpfung anmeldet. Ein Arm kann weh tun, die Hitze kann dem Kind arg zusetzen, vielleicht muß es auch einen Mißerfolg aushalten, wenn beispielsweise viele Bretter plötzlich hinunterfallen. Ohne Durchsetzungsvermögen würde die Baumhütte also nie zustande kommen, das Aufgeben oder Mißlingen hätte natürlich wieder die unangenehme Folge, daß dem Kind für weitere Projekte der Mut fehlen würde.

Daß die Erinnerung an Erfolge oder Mißerfolge Auswirkungen auf die spätere Haltung hat, kommt im 89. Traum, den wir als nächsten betrachten werden, deutlich zum Ausdruck, wobei die Vaterrolle im Mittelpunkt steht:

Boot bauen (89. Traum, 12 Jahre)

Der Vater baut ein Boot. Zwei Knaben schauen zu. Einer erzählt ganz froh von einer Bootsfahrt. Der andere hat aber nur schlechte Erinnerungen. Dann hilft mir der Vater, ein Boot zu bauen. Er repariert auch noch das Steuerruder.

Mit dem Boot kann man weite Strecken auf dem Wasser zurücklegen, man läßt das feste Ufer hinter sich, ist aber trotzdem getragen und kommt voran. Das Kind, das größer wird, verläßt zunehmend länger das Elternhaus, sei es, weil es nun mehr Zeit in der Schule verbringt, oder sei es, weil sich sein Aktionsradius vergrößert hat, weil es unter Umständen auch bei einem Freund oder bei einer Freundin essen und übernachten kann, ohne sich verloren zu fühlen. Ohne Begleitung der Eltern gerät das Kind immer wieder in Situationen, in welchen es einen inneren Halt braucht, um nicht verwirrt oder verunsichert zu werden. Gefahren und Verunsicherungen drohen nicht nur von außen, das Kind ist auch anderen Verlockungen und Versuchungen ausgesetzt, wenn es unbeaufsichtigt ist. Dann kommt es sehr darauf an, ob es sich selber rechtzeitig Einhalt gebietet, bevor es Dinge tut, die es später zu bereuen hat. Das Boot weist daher viele Gemeinsamkeiten mit dem inneren Halt auf, den sich das Kind im Leben außerhalb des Hauses und ohne Begleitung geben muß.

Im 89. Traum wird der Bootsbau mit der Vaterrolle in Verbindung gebracht. Äußerlich betrachtet, liegt der Grund sicher darin, daß Anjas Vater handwerklich sehr geschickt ist. Darüber hinaus könnte es noch eine innere Bedeutung geben: Vor der Trennung von Anjas Eltern war es, wie schon erwähnt, hauptsächlich der Vater, der die Familie gegen außen vertrat, der aber auch gelegentlich die Familie für längere Zeit verließ, um Militärdienst zu leisten oder ausgedehnte Bergwanderungen zu unternehmen. Möglicherweise könnte der Bootsbau außerdem in Verbindung stehen mit der Trennung, mit dem endgültigen Verlassen der Familie.

Der Vater hat für die beiden unbekannten Knaben, die ihm zuschauen, gewissermaßen Vorbildfunktion. Das Boot soll nicht nur gebaut, sondern auch benützt werden, jedenfalls erinnern sich die Knaben an Bootsfahrten, wobei ein Knabe gute, der andere schlechte Erinnerungen hat. Möglicherweise läßt sich von den unterschiedlichen Erfahrungen, welche die Knaben gemacht haben, auf eine Unsicherheit in Anjas Selbstorganisation schließen. Sie könnte sich fragen: «Ist es gut, wenn ich das feste Land verlasse und mich einem Boot anvertraue?» Und die Bedeutsamkeit dieser Frage könnte auch ganz konkret in ihre Lebenssituation übertragen werden; denn ein zwölfjähriges Kind ist nicht mehr so stark an das Elternhaus gebunden, das heißt, es verbringt viel Zeit in Situationen, in welchen es sich selber Halt geben muß.

Der Vaterrolle kommt im 89. Traum eine wichtige Bedeutung zu, es ist nämlich der Vater, der Anja hilft, ein eigenes Boot zu bauen. Das Steuerruder hat beim Boot die gleiche wichtige Bedeutung wie die Selbstorganisation für das psychische Leben des Kindes: Wenn das Steuerruder defekt oder mangelhaft ist, hat man Mühe, den Kurs oder die Richtung zu halten. Im übertragenen Sinn gilt das auch für die Selbstorganisation des Kindes; denn wenn sie durch irgendwelche Schwächungen oder Störungen eingeschränkt ist, erlebt das Kind Einbrüche in seiner Selbststeuerung und verliert unter Umständen das Vertrauen zu sich selber.

Anjas Selbstorganisation wird also in diesem Traum durch die Vaterrolle gestärkt. Wir finden jedoch auch eine Andeutung, daß ein Vater, der die Vaterrolle stark ausfüllt, eine Gefährdung für das Kind sein könnte, indem es ihm nur noch zuschaut, wie die beiden Knaben, und möglicherweise mit der Zeit zuwenig motiviert ist, selber Hand anzulegen. Neben einem starken Vater könnte das Kind passiv werden und denken: Der Vater kann sowieso alles besser. Deshalb ist es wichtig, daß das Kind nicht nur das Durchsetzungsvermögen des Vaters bewundert, sondern gelegentlich auch seine Verletzbarkeit wahrnimmt oder feststellt, daß nicht alles, was er macht, perfekt ist, wie das im 43. Traum zum Ausdruck kommt:

Figuren (43. Traum, 11 Jahre 7 Monate)

Ich schaue dem Vater zu. Er hat sich mit der Stichsäge an der Hand verletzt. Er macht ein Boot. Er gibt aber dem Holz den letzten Schliff, ohne daß es ganz glatt wird. Ich arbeite mit einer kleinen Stichsäge an einer Kasperfigur. Aber sie kommt ein bißchen anders heraus, als ich gewollt habe. Und eine Hexenfigur. Jemand hat sogar eine Maria gemalt.

Der 43. Traum weist einige Verwandtschaft mit dem 89. Traum auf, den wir zuvor betrachtet haben: Wiederum ist der Vater daran, ein Boot zu bauen. Am Anfang sind in diesem Traum aber nicht zwei Knaben am Zuschauen, sondern Anja selber. Ihr Zuschauen ist jedoch alles andere als passiv: Sie gibt sich nicht irgendwelchen eigenen Erinnerungen hin, sondern registriert, daß der Vater sich mit der Stichsäge verletzt hat. Damit entdeckt sie die Verletzbarkeit des Vaters, der offenbar kein Aufheben von der Wunde macht und weiterarbeitet. Der Blick der Träumerin bleibt aber kritisch, darum entgeht es ihr auch nicht, daß die handwerklichen Fähigkeiten des Vaters Grenzen haben: Er gibt dem Holz den letzten Schliff, ohne daß es vollkommen glatt wird.

Dieser kritische Blick und die Entdeckungen sorgen dafür, daß die Tochter nicht passiv wird, sondern selber mit der Stichsäge zu arbeiten beginnt. Ihr Durchsetzungsvermögen ist dabei gut aktiviert; denn sie hat auch keine Angst vor dem Werkzeug, mit welchem sich der Vater eine Verletzung zugezogen hat. Übrigens kommt in diesem Traum auch zum Ausdruck, daß Anja nicht nur den Vater, sondern auch sich selber mit kritischen Blicken beobachtet, sie bemerkt durchaus, daß ihr eigenes Durchsetzungsvermögen ebenfalls begrenzt ist: Die Kasperfigur, die sie aussägt, kommt ein bißchen anders heraus, als sie gewollt hat.

Kinderträume, in denen der Vater vorkommt, können den Eltern also die Möglichkeit bieten, das Durchsetzungsvermögen des Kindes kennenzulernen. Zugleich kann man in Erfahrung bringen, wie gut die Fähigkeit des Kindes, andere und eigene Leistungen einzuschätzen, entwickelt ist; denn wenn diese Einschätzung nicht richtig funktioniert, könnte das Kind beispielsweise den Vater überschätzen, sich selber aber unterschätzen, und in der Folge zu Entmutigung oder Passivität neigen. Die andere Gefahr der Fehleinschätzung besteht darin, daß das Kind die Leistungsfähigkeit des Vaters verkennt, weil er zum Beispiel vorwiegend außerhalb des Hauses arbeitet, sich daheim aber erholt. Auch diese Fehleinschätzung könnte sich unter Umständen schädigend auf das Durchsetzungsvermögen des Kindes auswirken, indem es die eigenen Leistungen mit kindlicher Grandiosität überschätzt, also keine wirkliche Herausforderung mehr spürt und sich mit geringen Leistungen begnügt.

Die gute, kritische Einschätzung des eigenen Durchsetzungsvermögens und desjenigen des Vaters wirkt sich sehr günstig auf Anjas Selbstorganisation aus: Sie versteift sich im 43. Traum nicht auf ein Werkstück, sondern beginnt, selbst kreativ zu werden. Zusammenfassend könnte man sagen, daß es immer denkbar ist, vom Vater, der im Traum vorkommt, auf den realen Vater zu schließen, wobei man diese Rückschlüsse mit großer Vorsicht machen muß; denn unter Umständen kann die Selbstorganisation des Kindes große Probleme mit dem Durchsetzungsvermögen oder mit der Passivität haben, die dann im Traumgeschehen als Auseinandersetzung mit der Vaterrolle zum Ausdruck kommen, möglicherweise aber nur sehr entfernt mit dem realen Vater etwas zu tun haben. Daher kann man exaktere Aussagen machen über den Zustand, in dem sich die kindliche Selbstorganisation gerade befindet, wenn man sorgfältig beachtet, welche Auswirkungen die Vater*rolle* auf das Durchsetzungsvermögen hat, wie die Kreativität des Kindes angelegt ist, welche Vorgänge sie eventuell befreien oder hemmen.

Anpassung und Verweigerung

Wenn man den Kindern gut zuhört, macht man die Entdeckung, daß sie, teilweise bis über das zwölfte Altersjahr hinaus, Personen, die zum engeren Kreis der Familie gehören – wozu man auch nahe Verwandte und gute Bekannte zählen darf –, sehr stark von «fremden» Personen unterscheiden, als würde es große Wesensunterschiede geben. Das hat seinen Grund: Wenn die Personen dem Kind gut vertraut sind, fällt es ihm leicht, sie zu verstehen und richtig zu reagieren; kommen sie ihm jedoch fremd vor, so meint es, es selber und seine Familie seien ganz anders als alle anderen Leute, und es leidet dann unter Anpassungsschwierigkeiten. Diese Schwierigkeiten können vor allem in anonymen großen Menschenmengen hervortreten, möglicherweise in einem großen Schulhaus, in einem Warenhaus oder an einem Bahnhof.

Anjas Vater ist Wirt, er hat von Berufs wegen mit vielen Leuten zu tun. So wie er sind manche Väter beruflich gut in die Gesellschaft integriert, das heißt, sie haben neben den Beziehungen zu Verwandten und Bekannten Kontakte mit vielen Leuten, die sie nicht näher kennen, auf die sie sich jedoch rasch einstellen, damit ihre Arbeit eine gute Qualität gewinnt. Diese weltoffene Gewandtheit, die Fähigkeit, sich auch mit unbekannten Leuten problemlos verständigen zu können, erfordert hohe Anpassungsleistungen, welche sich das Kind erst im Lauf der Entwicklung aneignet. So gibt es nicht selten Kinder, die zu Hause und unter Leuten, die sie gut kennen, recht vorlaut, möglicherweise sogar frech sind, aber im Kontakt mit unbekannten Leuten unsicher und gehemmt wirken. Im 72. Traum kommt das Hineingeführtwerden durch den Vater in die Öffentlichkeit, in die Mitte der Gesellschaft, sehr deutlich zum Ausdruck:

In der Mitte der Erde (72. Taum, 11 Jahre 10 Monate)
Der Vater macht etwas Komisches. Er kann durch ein Loch in die Mitte der Erde schauen. Und da unten sind kleine Leute in farbigen Kleidern. Sie sehen so wie Außerirdische aus, aber noch sehr schön. Sie strecken ihm die Arme entgegen. Der Vater hat ganz große Augen. Plötzlich sind ich und der Vater mitten unter den Leuten. Aber auf einer langsamen Fahrt. Wie wenn man mit dem Velo durch die Leute auf dem Markt fährt.

Ein Vater beschäftigt sich mit vielen Angelegenheiten, die dem Kind möglicherweise komisch vorkommen, weil ihm der «Durchblick» fehlt, das heißt, weil es viele Unternehmungen des Vaters nur vom Hörensagen kennt, weil es vielleicht nur selten lebendige Bilder von seiner Arbeit vermittelt bekommt.

Bei Anjas Vater mag es sich anders verhalten, er ist ja Wirt, und die Tochter kann ihm bei der Arbeit zuschauen. Trotzdem ist es ihr nicht möglich, alle Gespräche und Rituale der Erwachsenen zu verstehen.

Im vorliegenden Traum läßt sich der Zustand, in dem sich Anjas Selbstorganisation gerade befindet, gut erkennen: Die unbekannten Leute werden als klein wahrgenommen, das heißt, die Wahrnehmung fremder Personen ist noch sehr beschränkt, wie wenn das Kind sie aus sehr großer Entfernung, zum Beispiel von einem Aussichtsturm herab, betrachten würde. Anja nimmt nur die auffälligen Kleider wahr und hat Mühe, sich vorzustellen, daß die fremden Personen, genau wie sie auch, möglicherweise in Familien zusammenleben, Verwandte haben, Bekanntenkreise bilden, im großen ganzen wie die Leute leben, die das Mädchen gut kennt, mit dem einzigen Unterschied, daß sie ihr fremd sind. Dieser Unterschied blendet Anjas Wahrnehmung so sehr, daß ihr die unbekannten Leute wie Außerirdische vorkommen.

Der Vater erfüllt im 72. Traum eine wichtige Aufgabe: Er bringt die Tochter unter die Leute, er führt sie in die Gesellschaft ein: Auf einem Markt kann gelegentlich ein Gedränge herrschen, man kommt mit vielen Fremden in Tuchfühlung und lernt möglicherweise auch unbekannte Leute kennen. Natürlich ist es wichtig, daß das Kind das Privatleben vom gesellschaftlichen Leben trennen und unbekannten Leuten gegenüber Distanz wahren kann. Wenn seine Wahrnehmung jedoch auf das Privatleben in der Familie fixiert bleibt und sich für das gesellschaftliche Leben nicht öffnet, hat das Kind später große Mühe, einen Beruf zu erlernen oder im Berufsleben zu bestehen, weil es überall die versorgenden Eltern vermißt. Die Gesellschaft funktioniert ja nicht wie ein großes Einfamilienhaus, in welchem eine fleißige, freundliche Mutter und ein ebenso tüchtiger Vater dafür sorgen, daß die Grundbedürfnisse befriedigt werden und das Kind mit netten Menschen zusammenkommt.

Insbesondere im späteren Berufsleben kommt es sehr darauf

an, daß das Kind möglichst früh eine offene Wahrnehmung für andere Menschen gewinnt. Die friedliche Gesellschaft von sehr vielen Menschen funktioniert nur dann einigermaßen gut, wenn sich die Mitglieder nicht wie bedürftige Kinder verhalten, die ganz privat bleiben und von den gesellschaftlichen Errungenschaften möglichst viel profitieren möchten. Sehr hohe Anpassungsleistungen befähigen die Berufstätigen, auch Leuten, die sie nicht kennen und die ihnen möglicherweise auf Anhieb nicht gerade sympathisch sind, Dienstleistungen mit guter Qualität anzubieten. Die Anpassung an das gesellschaftliche Leben, aber auch die Verweigerung kommen im 108. Traum deutlich zum Ausdruck:

Pakete vom Anhänger (108. Traum, 12 Jahre 1 Monat)

Auf einem Bahnhof macht der Herr Zeugin eine große Unordnung. Er reißt Pakete von den Handwagen und wirft sie auf den Bahnsteig. Der Vater bringt das wieder in Ordnung, weil er die Pakete wieder auf die Handwagen lädt. Die Postangestellten und der Zugführer danken ihm. Er bekommt dafür ein Gratisbillett. Ich bin im Zug. Aus Spaß zeige ich aber zuerst zwei alte Billette. Und vorn auf der Rammbohle der Lokomotive sitzen ganz viele Menschen, auch Mütter mit kleinen Kindern. Es ist zwar ein bißchen gefährlich, aber es ist eine ganz neue Mode.

Im realen Leben ist Herr Zeugin Gemeindeangestellter in Anjas Dorf. Die Kinder machen ihm gelegentlich das Leben schwer, weil sie einfach die Hülle von Schleckwaren auf die Straße werfen, die er dann wieder aufheben und entsorgen muß. Die Wahrnehmung der Kinder für die öffentliche Ordnung ist eben noch unzureichend entwickelt, das heißt, sie müssen noch lernen, daß eine Gemeinde, in der alle Leute ihren Kleinabfall auf die Straße werfen, bald sehr unansehnlich würde. Möglicherweise fehlt ihnen auch die Wertschätzung für Herrn Zeugins Arbeit, sie stellen sich nicht vor, wie schnell die Lebensqualität im Dorf sinkt, wenn die öffentlichen Plätze und Straßen verschmutzt sind. Sie haben eine sehr private Perspektive: «Das ist ja nicht mein Zimmer oder unser Garten, in welchem die Mutter oder der Vater schimpfen könnten, wenn ich ein Papier wegwerfe!» Wahrscheinlich wissen sie auch noch nicht, daß kleine Nachlässigkeiten, die sich der Private erlaubt, gesellschaftlich große Auswirkungen haben; denn das Kleine wird sehr groß, wenn es sich anhäuft oder vervielfacht, wie das im Zusammenleben von sehr vielen Menschen geschieht.

Im 108. Traum jedoch macht der Gemeindeangestellte, der sonst im öffentlichen Raum für die Sauberkeit zuständig ist, am Bahnhof eine große Unordnung: Er reißt die Pakete von den Handwagen und wirft sie auf den Bahnsteig. Interessanterweise stört er mit dieser Aktion gleich zwei öffentliche Betriebe, nämlich die Post und die Bahn. Wenn wir versuchen zu verstehen, was in Anjas Selbstorganisation möglicherweise vorgeht, warum diese Störaktion in ihrem Traum vorkommt, so müssen wir einer sehr frühkindlichen, vielleicht auch neidischen und asozialen Seite die Stimme geben, welche ungefähr so sprechen könnte: «Dies sind ja nicht meine Pakete, folglich sind sie auch nichts wert, und es soll niemand etwas bekommen, was ich nicht auch erhalte. Alle Leute, die auf dem Bahnsteig sind, dürfen an schöne Orte reisen, nur ich nicht, sie sollen gar nicht mehr durchkommen, ich werfe ihnen die Pakete in den Weg.» Die Botschaft dieser Stimme oder dieser Störaktion ist, mit anderen Worten, eine Verweigerung der Anpassung an das gesellschaftliche Leben, in welchem die Vergünstigungen und die Anstrengungen nicht immer gleichmäßig verteilt sind und die Selbstorganisation viele Anflüge von Neid und frühkindlicher Begehrlichkeit sehr rasch ausräumen muß.

Der Vater spielt in diesem Traum eine wichtige Rolle: Er bringt die Unordnung, die Herr Zeugin angerichtet hat, in Ordnung und sorgt damit dafür, daß die beiden öffentlichen Betriebe wieder ungestört sind. Wenn wir auf die Fortsetzung des Traums achten, bemerken wir, daß Anja die Anpassung an das gesellschaftliche, öffentliche Leben noch nicht genügend selbständig leisten kann: Im Gegensatz zum Vater hat sie kein Billett verdient, und die Traumerzählung erwähnt auch nicht, daß sie sich eine Fahrkarte gekauft hat. «Aus Spaß» zeigt sie im Zug zwei alte, möglicherweise ungültige Fahrkarten, womit sie der kindlichen Auffassung, man könne im Leben alles ohne Gegenleistung bekommen, Ausdruck verleiht.

Auch sonst steht es im 108. Traum mit der Ordnung nicht zum besten: Vorn, auf der Rammbohle der Lokomotive, sitzen ganz viele Menschen, auch Mütter mit kleinen Kindern. Das ist gewiß der gefährlichste Ort, den man sich aussuchen kann, wenn man mit dem Zug fährt. Daß sich auf der Rammbohle auch Mütter mit kleinen Kindern aufhalten, gibt einen Hinweis darauf, daß Anjas Selbstorganisation immer noch in einem altersunangepaßten Abhängigkeitsverhältnis zur Mutter steht und annimmt, daß die Mutter sie in jedem Fall zu beschützen vermag. Das kommt in diesem Traumbild wie eine Warnung zum Ausdruck. Die Mütter, die vorn auf der Rammbohle sitzen, können die kleinen Kinder, die sie möglicherweise im Arm halten, gar nicht wirklich vor der Gefahr schützen. Die Sicherheit, in welcher sich die kleinen Kinder wiegen, ist an diesem ausgesetzten Ort äußerst trügerisch. Und so ist es auch gefährlich, wenn Anja dem gesellschaftlichen Leben mit einer frühkindlichen Bedürftigkeit gegenübersteht; denn die Gesellschaft kann sie nicht wie eine Mutter behüten und umsorgen, sie muß sich darauf verlassen können, daß sich Anja altersangepaßt selbständig im öffentlichen Leben bewegt und zum Beispiel beim Überqueren der Straße gut auf sich selber aufpaßt.

Gemeinschaft und Individualität

Gemeinschaft entsteht, wenn zwei Menschen miteinander verkehren. Wenn sie gut miteinander auskommen, gibt es wohl keine Probleme, die sie nicht miteinander lösen oder gemeinsam verdrängen könnten. Die Familie ist bereits eine etwas größere Gemeinschaft, aber verglichen mit einer Dorfgemeinschaft oder mit einem Staat ist sie doch eine recht kleine, wobei Altersunterschiede, die zwischen den Elternteilen und den Kindern bestehen, durchaus Probleme ergeben können, die nicht immer leicht zu lösen sind. Innerhalb der Familiengemeinschaft gibt es kleinere Gemeinschaften, zum Beispiel die Paarbeziehung der Eltern oder die Mutter-Kind-Beziehung. Es ist denkbar, daß sich das Kind ausgeschlossen fühlt, wenn sich Mann und Frau sehr gut verstehen, vielleicht sogar zärtlich werden, und sich nicht weiter um es kümmern. Ebenso ist es möglich, daß sich der Vater ausgeschlossen fühlt, wenn die Mutter das kleine Kind besonders innig umsorgt.

Damit die Gemeinschaft nicht brüchig wird und zerfällt, müssen die einzelnen Mitglieder gelegentlich ein eigenes Bedürfnis zurückstellen und der Gemeinschaft einen Dienst erweisen, der allen, und nicht nur ihnen allein, zugute kommt. Ein Kind würde zum Beispiel lieber spielen gehen, anstatt das Geschirr zu spülen, weil das Spiel ihm Lust bereitet, das Geschirrwaschen aber eher Mühe. Wenn in seiner Selbstorganisation die Gemeinschaftsfähigkeit gut entwickelt ist, kann es die Freude am Spiel aufschieben, die Arbeit erledigen und dann spielen gehen. Wenn hingegen die Gemeinschaftsfähigkeit noch nicht so stark herangebildet ist, ist es auf die Eltern angewiesen, die es zu dieser Arbeit ermuntern oder die ihm die Arbeit abnehmen, weil es möglicherweise die Strategie wählt, immer zu schreien oder sich schlecht zu betragen, wenn ihm eine Arbeit zugemutet wird. Die Eltern sagen sich dann vielleicht: «Ein Kind muß doch auch spielen können», und verzögern damit die Entwicklung der Gemeinschaftsfähigkeit.

Die Individualität wird in unserer Zeit besonders groß geschrieben, man möchte, daß das Kind seine Individualität möglichst breit und uneingeschränkt entfalten kann. Auf der anderen Seite möchte man natürlich auch verhindern, daß das Kind zu egoistisch wird und keine Freunde gewinnt. Im Zusammenhang mit Kinderträumen, in denen der Vater vorkommt, achten wir deshalb darauf, inwieweit sich in der kindlichen Selbstorganisation Neigungen zur Gemeinschaftsfähigkeit oder zur Entwicklung der Individualität erkennen lassen. Die Individualität ist ebensowichtig wie die Gemeinschaftsfähigkeit: Das Kind muß spüren und erleben können, daß seine Eigenart etwas Besonderes ist und daß sie geschätzt wird, sonst läßt es unter Umständen seine wertvollsten Eigenschaften verkümmern. Hingegen müssen ihm auch immer wieder der Vater, die Mutter oder irgendein verständnisvoller Erwachsener zu verstehen geben, daß auch die anderen Menschen und Lebewesen etwas Besonderes und Achtenswertes sind und ein Recht darauf haben, ihre Eigenart zu entfalten.

In der Gemeinschaft gibt es auch Eifersucht und Rivalität, welche das Kind unter Umständen zu einem sehr zerstörerischen Verhalten verleiten können. Nach der ungut verlaufenen Trennung der Eltern könnte bei Anja möglicherweise das Gefühl aufgekommen sein, Claudia Cairoli habe ihrer Familie den Vater «gestohlen». Wir möchten nun anhand des 111. Traums sehen, wie die Gemeinschaftsfähigkeit in Anjas Selbstorganisation entwickelt ist und wie sie den Verlust des Vaters überhaupt verarbeitet hat:

> **Im Ruderboot** (111. Traum, 12 Jahre 1 Monat)
> Ich bin mit Claudia und dem Vater in einem Ruderboot. Wir rudern dann in eine Bucht. Das Wasser ist aber dort nicht sehr sauber. Ich tauche aber tief hinab, um die Badekappe von Claudia zu retten.

Im Ruderboot dieses 111. Traums befindet sich eine Gemeinschaft, in welcher das Auftreten von Störungen oder Mißklängen wohl niemanden überraschen würde: Die Tochter und die Geliebte sitzen mit Herrn Hofer in einem Boot. Die enge Gemeinschaft, die sie bilden, könnte wohl sehr leicht Eifersucht oder Rivalität zwischen der Tochter und der Geliebten aufkommen lassen. Im Grunde genommen ist die Situation nicht viel anders als in jeder Kleinfamilie, in welcher sich die Tochter vernachlässigt fühlen kann, wenn sich der Vater nur mit der Mutter unterhält, aber auch die Mutter könnte sich benachteiligt fühlen, wenn das ausschließliche Interesse des Vaters der Tochter gilt. Allerdings gibt es gewiß einen Unterschied zwischen dem Dreiecksverhältnis in diesem Traum und demjenigen, das in einer Kleinfamilie vorkommen kann. Ein Bild dafür gibt uns der zweite Traumteil: Das Wasser, in welches das Ruderboot gerät, ist nicht sehr sauber; das können wir so verstehen, daß viele Fragen, welche die Trennung der Eltern aufwarf, noch nicht geklärt sind. So sieht es Frau Hofer zum Beispiel nicht sehr gern, wenn Anja den Vater und Claudia Cairoli im Berner Oberland besuchen geht. Sie schiebt dem Vater und seiner Geliebten die Schuld an der Trennung zu, und die Tochter bekommt das auch oft genug zu hören.

Offenbar passiert im 111. Traum ein Zwischenfall, der in der Traumerzählung nicht beschrieben ist; denn Claudia Cairolis Badekappe ist ins Wasser gefallen, und Anja taucht tief in das nicht sehr saubere Wasser hinab, um die Badekappe zu retten. Man könnte diesen Traum so verstehen, daß in Anjas Selbstorganisation die Gemeinschaftsfähigkeit gut entwickelt ist; denn eigentlich könnte es ihr gleichgültig oder sogar recht sein, wenn die Geliebte des Vaters die Badekappe verliert. Wenn wir aber die gleiche Traumerzählung auf die Frage hin überprüfen, ob Anjas Individualität bei diesem Tauchgang nicht zu kurz kommt, wird eine andere Deutung des Traums sogar noch wahrscheinlicher: Die Erwachsenen lassen das Kind den unbewältigten Konflikt des Trennungsgeschehens «ausbaden», das heißt, es taucht ohne Unterstützung der Eltern oder der Geliebten in das nicht sehr saubere Wasser.

Wir haben konkrete Möglichkeiten zu prüfen, ob wir einen Kindertraum richtig verstehen, indem wir sorgfältig beachten, wie sich die Gemeinschaftsfähigkeit, aber auch die Entfaltung der Individualität des Kindes im täglichen Leben zeigen. Es wäre nämlich falsch, davon auszugehen, daß das Kind gewissermaßen immer der Spielball oder das Opfer der Erwachsenen sei. Selbstverständlich muß man alles unternehmen, um das Kind vor Übergriffen zu bewahren, aber warum soll unter Umständen das Kind nicht einmal tapferer als seine Eltern sein? Anja war zum Beispiel dagegen, daß sich die Eltern trennten, sie war in einem gewissen Sinn auch großzügiger als ihre Mutter, die sie weiterhin lieben konnte, ohne deswegen Claudia Cairoli die Zuneigung zu künden. In diesem sehr komplizierten Beziehungsfeld bewies Anja eine große Tapferkeit; so reiste sie zum Vater ins Berner Oberland, ohne sich über die Mutter zu beklagen, und kehrte auch wieder zur Mutter zurück, ohne die schlechte Meinung, welche die Mutter von ihrem Mann und von Claudia Cairoli hegte, zu teilen. Das Trennungsgeschehen hatte ihr Autonomiestreben also stark aktiviert und somit auch wertvolle Eigenschaften wie Tapferkeit und Großzügigkeit gestärkt.

In den Kinderträumen, in denen der Vater vorkommt, können wir also unter Umständen sehen, wie sich in der kindlichen Selbstorganisation das Durchsetzungsvermögen, die Anpassungs- und Gemeinschaftsfähigkeit sowie die Entfaltung der individuellen Anlagen anbahnen. Diese Träume haben meistens etwas mit dem realen Vater zu tun, aber die Eltern müssen immer auch daran denken, daß die kindliche Selbstorganisation im Traum grundsätzliche Probleme mit Passivität, mit Verweigerung und mit schulischen oder gesellschaftlichen Überforderungen mit der Vaterrolle in Beziehung setzen könnte.

Die verkehrte Welt

Einführung

Es ist bekannt, daß nie zwei Menschen den gleichen Regenbogen sehen können, weil eine minimale Verschiebung des Standpunkts oder des Blickwinkels einen anderen Regenbogen erscheinen läßt. Und so, wie jedes Kind die Welt mit ganz eigenen Augen anschaut und sich darüber eigene Vorstellungen macht, träumt auch jedes Kind ganz anders, das heißt, seine Selbstorganisation entwickelt eine eigene Bildersprache, um den Zustand, in welchem sie sich befindet, auszudrücken. Wenn wir die Kinderträume also wirklich verstehen wollen, müssen wir versuchen herauszufinden, was alle Kinderträume gemeinsam haben, damit wir die mögliche Bedeutung eines einzelnen Traums besser begreifen.

Wir werden daher im letzten Kapitel verschiedene Möglichkeiten zeigen, wie die Eltern die oft merkwürdige Bildersprache des Traums in eine verständliche, alltägliche Sprache übersetzen können, damit sie erfahren, was im Kind, in seiner Selbstorganisation vorgeht. Wie bei allen Übersetzungen ist Vorsicht geboten, man darf sich nicht auf den ersten Einfall versteifen und denken: Aha, jetzt habe ich den Traum verstanden. Man braucht etwas Geduld und Zeit, damit man das Problem, womit sich das Kind vielleicht beschäftigt, nicht mit eigenen Problemen vermischt. So kann das Kind zum Beispiel mitten in einem sehr unglücklichen Trennungsgeschehen durchaus positiv von beiden Elternteilen träumen, während der Vater und die Mutter vielleicht für eine gewisse Zeit unfähig sind, auch die guten Seiten der Ehepartnerin oder des Ehepartners zu schätzen.

Realität und verkehrte Welt

Mit dem Spiel «verkehrte Welt» kann man sehr gut die Phantasie und die Kreativität trainieren, aber auch sich entspannen und unterhalten, ohne daß man irgend etwas braucht außer ein bißchen Vorstellungsvermögen. Das Spiel ist sehr einfach: In der Realität führt der Herr den Hund an der Leine. In der verkehrten Welt führt der Hund den Herrn an der Leine. Man nimmt also ein Verhältnis, das man aus der Realität kennt, und verkehrt es ins Gegenteil. Den Kindern macht das Spiel viel Spaß, und auch den Erwachsenen tut es zuweilen recht gut, wenn die ganze ernste Welt einmal grundlegend in Frage oder auf den Kopf gestellt wird.

Eine Möglichkeit, die Bildersprache der Kinderträume in eine einfache Alltagssprache zu übersetzen, besteht darin, daß man sich zunächst fragt, ob im Kindertraum irgend etwas vorkommt, das auch in der Realität vorkommt, sei es eine Person, ein Lebewesen oder ein Ding. Wenn man diese Frage bejahen kann, prüft man als nächstes, ob sich die Person, das Lebewesen oder das Ding genau gleich wie in der Realität verhält, oder ob es möglicherweise etwas ganz anderes tut, so daß die realen Verhältnisse im Traum gewissermaßen umgekehrt oder verkehrt werden. Wenn man das Auge dafür schärft, wird man möglicherweise ganz viele verkehrte Welten in den Kinderträumen finden. Wir werden das gleich anhand eines Beispiels illustrieren:

Der Pfarrer (125. Traum, 12 Jahre 3 Monate)

Die Mutter stiehlt viele Blumen, Äpfel und Birnen aus dem Garten des Pfarrers. Der Pfarrer sitzt aber nur in der Gartenwirtschaft und spielt mit Herrn Zeugin Karten. Und er sagt: «Sie müssen da mit zwei Sechsern anfangen.» Aber Herr Zeugin fragt: «Nicht mit einem Gebet?» Dann reden sie von den Möbeln. Und Herr Zeugin sagt: «Die Schöpfung ist nicht vollkommen, weil es so brüchige und morsche Möbel gibt.» Aber der Pfarrer sagt: «Die Schöpfung ist vollkommen, sonst würde sie so brüchige Möbel nicht zusammenhalten.»

In diesem 125. Traum der Serie kommen drei Personen vor, die es auch in der Realität gibt, nämlich Anjas Mutter, der Pfarrer und der Gemeindeangestellte, Herr Zeugin. Nun stellen wir uns die Frage, ob sich die drei Personen genau gleich wie in der Realität verhalten, oder ob wir verkehrte Welten antreffen. Und da machen wir sogleich verschiedene Entdeckungen: In der Realität besucht der Pfarrer praktisch nie die Gartenwirtschaft Frau Hofers, er ist nur bei Hochzeiten oder Beerdigungen im Saal des Restaurants anzutreffen, aber auch nur auf ausdrücklichen Wunsch der jeweiligen Gesellschaft. Es würde ihm nie einfallen, zum Vergnügen in die Gartenwirtschaft zu gehen und dort gar zu jassen. In diesem Traum hält er sich jedoch in Frau Hofers Gartenwirtschaft auf, während sich Frau Hofer im Pfarrhausgarten an seinen Blumen, Äpfeln und Birnen vergreift. Die Orte, an welchen sich die Wirtin und der Pfarrer normalerweise aufhalten, sind ausgetauscht, aber auch ihr Verhalten ist total verändert: Der Pfarrer, der in der Realität sehr ernst und gewissenhaft sein Amt ausübt, ist im Traum ein lebensfroher Kartenspieler, während sich die im realen Leben sehr anständige Wirtin als äußerst freche Diebin beträgt, der auch der Pfarrhausgarten nicht heilig ist.

Und noch eine verkehrte Welt läßt sich auffinden: Wenn Herr Zeugin in seinem Amt als Gemeindeangestellter beispielsweise ein Grab ausschaufeln muß und auf religiöse Fragen angesprochen wird, pflegt er nur mit den Schultern zu zucken und zu sagen: «Da müssen Sie den Pfarrer fragen», womit er deutlich zum Ausdruck bringt, daß er lieber Erde aushebt und Laub zusammenkehrt, als über diese Fragen zu reden. Im Traum ist es genau umgekehrt: Er fragt den Pfarrer, ob man das Kartenspiel nicht mit einem Gebet beginnen sollte, während der Pfarrer wie ein routinierter Kartenspieler Anweisungen gibt. In der

Realität ist Herr Zeugin jedoch ein leidenschaftlicher Kartenspieler, und den Pfarrer hat man noch nie beim Kartenspiel angetroffen.

Es sind in diesem Traum also zwei Paare, die ihre Verhältnisse umgekehrt haben: Die Wirtin und der Pfarrer haben den Ort, an welchen sie in der Realität hingehören, im Traum ausgetauscht, und der Gemeindeangestellte und der Pfarrer haben die Art und Weise, wie sie sonst reden, vertauscht. Soweit haben wir nun die verkehrte Welt im 125. Traum beschrieben, und wir können uns nun weiter fragen, was das Bild, das die verkehrte Welt bietet, mit Anjas Realität, aber auch mit ihrer Selbstorganisation zu tun hat. Dabei stoßen wir sehr schnell auf ein Problem, das Anja seit dem unglücklichen Trennungsgeschehen der Eltern anhaltend beschäftigt.

Wenn nämlich drei Personen zwei Paare bilden, entsteht ein Dreiecksverhältnis, und Dreiecksverhältnisse mit ihrer manchmal unheilvollen Dynamik kennt jedes Kind zur Genüge. Anja kommt beispielsweise gut mit Theodorakis aus, kann aber auch gut mit Brigitte spielen. Wenn hingegen alle drei einen Nachmittag miteinander verbringen, geraten sich Anja und Brigitte oft in die Haare. Ein unausgewogenes Dreiecksverhältnis kann auch sehr schnell in einer Kleinfamilie entstehen: Die Eltern können mit einem Einzelkind recht gut zusammenleben. Wenn sich jedoch Vater und Mutter, beispielsweise in den Ferien, wieder einmal zärtlich näherkommen, bleibt das Kind außen vor und entwickelt unter Umständen ein unangenehmes Störverhalten, das sich an vielen Ferienorten beobachten lässt. Denkbar ist auch, daß eine innige Mutter-Kind-Beziehung auf die Dauer dem Mann zu schaffen macht, aber auch die Begeisterung des Mannes für das Aufblühen seiner Tochter kann dazu führen, daß sich die Frau vernachlässigt fühlt.

Ein Dreiecksverhältnis bestand auch vor der Trennung der Eltern Anjas. Diese lebten und arbeiteten mit der ehemaligen Servierfrau Claudia Cairoli unter einem Dach, und der Vater hatte schon lange mit der Servierfrau eine Liebesbeziehung gehabt, bevor Frau Hofer die Trennung verlangte. In ein Dreiecksverhältnis begibt sich auch Anja, wenn sie den Vater und die Geliebte im Berner Oberland besucht. Bei all diesen realen Dreiecksverhältnissen geschehen möglicherweise Rollenvertauschungen und -vermischungen, wie sie auch im 125. Traum vorkommen: Claudia Cairoli könnte im Berner Oberland gegenüber Anja möglicherweise die Rolle der Mutter einnehmen, und es ist nicht auszuschließen, daß Anja gelegentlich dem Vater gern mehr als die Geliebte bedeuten würde.

Daß brüchige Beziehungen an einem Dreiecksverhältnis zerbrechen können, kommt in diesem Traum nicht direkt zur Sprache, aber der Pfarrer und der Gemeindeangestellte unterhalten sich doch sehr ernst über die Brüchigkeit. In einer vollkommenen Schöpfung, meint Herr Zeugin, sollte es keine brüchigen und morschen Möbel geben, daher sei die Schöpfung nicht vollkommen. Die Möbel haben einiges mit der Ehebeziehung zu tun; denn wenn ein Paar sich trennt, kann man nicht selten beobachten, daß der Elternteil, der mit den Kindern zurückbleibt, gewisse Möbel ausschafft oder ersetzt, oder es kommt auch vor, daß der ausziehende Elternteil einige Möbel mitnimmt. Der Pfarrer, der im Traum zuerst als fröhlicher Kartenspieler erschienen ist, widerspricht nun sehr ernst der Meinung des Gemeindeangestellten, indem er sagt: «Die Schöpfung ist vollkommen, sonst würde sie so brüchige Möbel nicht zusammenhalten.»

Wir sind davon ausgegangen, daß das Dreiecksverhältnis, das die Personen im Traum bilden, einiges mit Anjas Realität und Selbstorganisation zu tun hat, und möchten nun versuchen, ob wir die Traumsprache in eine einfach verständliche Sprache übertragen können. Zu dem Zweck erweitern wir die Aussage des Gemeindeangestellten, die sich um die Frage dreht, ob die Schöpfung vollkommen sei. In einer vollkommenen Schöpfung sollte es auch nicht zu einem Bruch in den Beziehungen und zu einer Aufteilung der Möbel kommen, so könnte man möglicherweise die Aussage des Gemeindeangestellten ergänzen; aber auch die Entgegnung des Pfarrers kann man aus der Beschränkung auf die morschen Möbel herauslösen und allgemeiner formulieren: Die Schöpfung ist vollkommen, sonst würde sie so brüchige Beziehungen nicht zusammenhalten.

Nun nehmen wir die beiden gegenteiligen Aussagen ganz aus dem Traum heraus und versuchen, uns vorzustellen, was eventuell in Anjas Selbstorganisation vorgehen könnte, warum sie sich mit der Frage nach der vollkommenen oder der unvollkommenen Schöpfung beschäftigt. Selbstverständlich kann der Mensch nicht wissen, ob die Schöpfung vollkommen oder unvollkommen ist, aber je nachdem, wie er die Schöpfung beurteilt, neigt er zur Abhängigkeit, oder seine Selbstorganisation aktiviert das Autonomiestreben. Die Meinung, daß die Schöpfung nicht vollkommen sei, weil es nämlich brüchige und morsche Möbel gibt, verrät eine Neigung zur Abhängigkeit von einer Person oder möglicherweise auch von einem überirdischen Wesen, das dafür besorgt sein soll, daß nichts brüchig und morsch wird, daß alles gut zusammenhält und frisch wie am ersten Schöpfungstag erscheint; dann wäre die Schöpfung vollkommen, das heißt, der Mensch müßte sich nicht um die Möbel oder Beziehungen sorgen, er wäre gewissermaßen wie ein Säugling ununterbrochen versorgt, und jedesmal, wenn ein Tischbein wackelt, oder wenn in einer Beziehung etwas schwierig wird, könnte er diesem überirdischen Wesen die Schuld zuschieben oder die Verantwortung übertragen und etwa wie folgt sprechen: Siehst du, deine Schöpfung ist doch unvollkommen, bitte, unternimm etwas, oder ich beklage mich.

Geht der Mensch von der Gegenposition aus, daß nämlich die Schöpfung vollkommen sei, weil sie so brüchige Möbel zusammenhält, so rechnet er mit allerlei Brüchen und Zwischenfällen, das heißt, der Mensch, der so denkt, wird sich nicht achtlos auf einen Stuhl fallen lassen, sondern er prüft den Stuhl zuerst achtsam, bevor er sich darauf setzt, und nimmt notfalls selber eine Reparatur vor. Dieser Mensch ist nicht abhängig von einer Person oder von einem überirdischen Wesen, das ihm perfekte Stühle hinstellt, die nie brüchig oder morsch sind, er sorgt für sich selber, das heißt, die Selbstorganisation aktiviert das Autonomiestreben. Anders ausgedrückt, könnte man sagen, daß Anjas innere Selbstorganisation Grundhaltungen überprüft: Soll ich weiterhin von der Mutter und vom Vater verlangen, daß sie mich perfekt umsorgen und nie enttäuschen oder soll ich langsam diese frühkindliche Abhängigkeit abstreifen und jedem Menschen das Recht zugestehen, einmal ganz wild für sich selber zu sorgen, ohne auf mich Rücksicht zu nehmen?

Die Preisgabe der sehr kindlichen Erwartungshaltung würde bedeuten, daß Anja einen Reifeschritt vollzieht: Sie gibt die frühkindliche Vorstellung auf, daß die Mutter rund um die Uhr eine perfekte und anständige Frau sein muß, und räumt ihr das Recht ein, eigenverantwortlich Dinge zu tun, die weder das Kind noch die öffentliche Dorfmeinung je verstehen würden, wie zum Beispiel das Plündern des Pfarrhausgartens. Die sehr naive Erwartungshaltung einer Autorität gegenüber wird gleichzeitig vom Pfarrer abgezogen: Auch er kann nicht rund um die Uhr ein seriöser Pfarrherr sein, warum sollte er sich nicht einmal das Vergnügen gönnen und in der Gartenwirtschaft Karten spielen, ohne dauernd an die Sorgen der ihm anvertrauten Kirchgemeindemitglieder zu denken?

Dieser Reifeschritt hat zudem den großen Vorteil, daß das Kind bei anderen Menschen Qualitäten wahrnimmt, die ihm früher vielleicht entgangen sind: Auch der Gemeindeangestellte kann sehr religiös fühlen und empfinden, selbst wenn er beim Ausschaufeln eines Grabes all diesen Fragen ausweicht und ein eher rauhes Wesen gegen außen kehrt. Kinder, deren Selbstorganisation diesen Reifeschritt vollzogen haben, erkennt man gut daran, daß sie mit anderen Kindern viel toleranter, aber auch interessierter umgehen, daß sie Frustrationen besser ertragen und auch Erwachsenen gegenüber weniger Ansprüche stellen und viel Verständnis zeigen.

Mit zwei unkomplizierten Fragestellungen sind wir also auf relativ einfachem Weg dem Zustand, in dem sich Anjas Selbstorganisation möglicherweise befindet, sehr nahe gekommen und konnten die Bildersprache des 125. Traums in eine verständliche Alltagssprache übertragen. Um zu prüfen, ob sich das Verfahren auch an einem etwas schwerer verständlichen Traum bewährt, wählen wir aus Anjas Traumserie den 40. Traum aus, den sie wie folgt notiert hat:

> **Fallen** (40. Traum, 11 Jahre 6 Monate)
> Die Mutter baut seltsame Fallen, wo Sturm und Wasser zusammenkommen. Im letzten Moment kann ich noch verhindern, daß mit Corinne etwas passiert. Dann hat die Mutter plötzlich eine Kettensäge. Und ich muß auf sie aufpassen.

Wie beim vorherigen Traum fragen wir zunächst, ob hier Personen erscheinen, die auch in Anjas Realität vorkommen, und finden drei Personen, nämlich die Mutter, Corinne – eine Mitschülerin der Träumerin – und Anja selbst. Als nächstes nimmt uns wunder, ob wir in diesem Traum auch etwas finden, das uns wie eine verkehrte Welt vorkommt, und auch da werden wir fündig: Es fällt uns zuerst auf, daß die Mutter in diesem Traum Fallen baut. Wir haben Frau Hofer in der Realität als sehr besorgte Mutter kennengelernt und können uns daher gar nicht vorstellen, daß sie Fallen bauen soll. Corinne verkehrt in der Realität oft mit Anja, und Frau Hofer ist immer freundlich zu dem Mädchen, weil es ihr ein Anliegen ist, daß Anja Kontakt hat. Die Traumerzählung erweckt den Anschein, als sei Corinne in Frau Hofers Falle geraten; denn Anja kann im letzten Moment verhindern, daß ihrer Mitschülerin etwas zustößt. Daß die Mutter Corinne eine Falle stellen soll, müssen wir demzufolge auch als verkehrte Welt ansehen.

In der Realität würde Anjas Mutter nie eine Kettensäge bedienen; denn das Sägen und Spalten des Holzes hatte stets der Vater besorgt, und nachdem er ausgezogen war, ließ Frau Hofer das Holz anliefern. Das Bedienen der Kettensäge könnte man also auch als verkehrte Welt ansehen. Eine vollständige

Umkehrung enthält der letzte Satz der Traumerzählung: Anja muß auf die Mutter aufpassen. In der Realität verhält es sich genau umgekehrt; denn die elfjährige Anja hatte ja besorgniserregende Anzeichen der Magersucht, und die Mutter mußte auf sie aufpassen.

Nun fragen wir als nächstes, was die verkehrte Welt möglicherweise mit Anjas Realität, aber auch mit ihrer inneren Entwicklung, ihrer Selbstorganisation zu tun haben könnte. Es kommt ja häufig vor, daß Kinder miteinander phantasieren und sich dabei auch die Vorstellung ausmalen, was alles geschehen würde, wenn sie ganz andere Eltern hätten, wenn die Eltern, zum Beispiel, ganz reich oder berühmt wären. Das würde selbstverständlich das Leben der Kinder verändern, unter anderem könnten sehr reiche Eltern dem Kind auch kühne Wünsche erfüllen, ihm beispielsweise eine eigene Insel oder einen Vergnügungspark, der ganz allein ihm gehören würde, schenken. Weniger angenehm ist wahrscheinlich die Phantasie, eine Mutter zu haben, die dem Kind oder seiner Mitschülerin Fallen stellt. In vielen Märchen und Kindergeschichten gibt es eine böse Stiefmutter, die den Kindern nach dem Leben trachtet oder etwas Böses mit ihnen im Schilde führt. Die Geschichten gehen aber meistens gut aus, weil die Kinder, durch die Bedrohung aufgeschreckt, plötzlich sehr aktiv werden, auf einen Ausweg aus der Bedrohung sinnen und ihn auch selber oder mit Hilfe guter Mächte finden. Man könnte dies so verstehen, daß die kindliche Selbstorganisation in der bedrohlichen Lage das Autonomiestreben besser und schneller aktiviert, als wenn es dem Kind beispielsweise sehr gut geht, und keine Gefahr droht.

Wir gehen selbstverständlich davon aus, daß Frau Hofer ihre Tochter sehr wohlmeinend umsorgt, möchten aber folgende Überlegungen in die Betrachtung des Traums miteinbeziehen, um seinem Verständnis näherzukommen: Den Ort, an welchem Sturm und Wasser zusammenkommen, muß man nicht allzu weit suchen, wenn man das Bild als Metapher versteht: Anjas Vater ist ein stolzer, aber auch ein sehr vitaler

Mann. Während der letzten Wochen vor der Trennung hatten die Eltern oft stürmischen und wilden Streit, in welchem sehr heftige, aber auch sehr zerstörerische Gefühle zum Ausdruck kamen. Nach der Trennung fehlten im Restaurantbetrieb gleich zwei Kräfte, nämlich die Servierfrau und der Wirt. Frau Hofer hatte nach der unliebsamen Erfahrung große Mühe, wieder einer Angestellten Vertrauen zu schenken und sie in den Betrieb aufzunehmen. Sie mußte zunächst alle Arbeiten selber erledigen, was ihr in einer gewissen Hinsicht auch willkommen war, weil die Arbeit sie vom Trennungsschmerz ablenkte. Sie hatte nämlich niemanden, mit dem sie sich aussprechen konnte, oder der sie tröstete. Die Frauen, die ins Restaurant kamen, waren zwar gute Bekannte, aber leider auch sehr schwatzhaft, sie mußte sich also gut überlegen, was sie ihnen anvertraute.

In dieser Zeit schenkte sie auch ihrer Tochter viel mehr Aufmerksamkeit und fand die Anzeichen der Magersucht besorgniserregend. Man könnte auch sagen, daß sie mit der aufwendigen Sorge für die Tochter wenigstens vorübergehend die Sorge vergaß, wie sie ihr nun doch recht einsames Leben gestalten sollte. Sie glaubte nun plötzlich, daß ihre Tochter ein sehr isoliertes Leben führen würde, und lud immer wieder Anjas Mitschülerinnen zum Essen ein, wobei sie natürlich die Hoffnung hegte, das gemeinsame Essen würde sich positiv auf Anjas Appetit auswirken. Ohne es zu wollen oder zu merken, begann sie von ihren Schwierigkeiten, die Trennung zu verarbeiten, so zu sprechen, wie wenn es die Schwierigkeiten der Tochter wären und nicht ihre eigenen.

In der Zeit nach der Trennung lagerte sie gewissermaßen die eigenen unbewältigten Konflikte in die Tochter aus, das heißt, sie unternahm alles für Anja, was sie mit gutem Recht für sich selber in Anspruch hätte nehmen dürfen, nämlich dafür zu sorgen, daß sie selbst neue und tragfähige Sozialkontakte gewann, eventuell auch die Hilfe einer fachlichen Begleitung anzufordern, um die psychischen Folgen der Trennung gut zu verarbeiten. All das versagte sich jedoch Frau Hofer und ließ der Tochter eine Fürsorge angedeihen, die Anjas Selbstorganisation möglicherweise als Bedrohung erlebte. Wenn Anja im Traum das Gefühl hat, sie müsse auf die Mutter aufpassen, so hat dieses Gefühl wirklich Entsprechungen in der Realität: Die Geschichte mit den Anzeichen einer Magersucht ist nämlich eine alte, und sie hat möglicherweise damit zu tun, daß in der Familie Hofer schon immer die Neigung bestand, die Vitalität zu unterdrücken, und daß sich diese Neigung bei Anja besonders ungünstig auswirkte.

Aus diesen Überlegungen läßt sich erkennen, daß die Suche nach der verkehrten Welt in den Kinderträumen gewiß eine gute Möglichkeit ist, der Bildersprache des Traums näherzukommen. Wenn sich die Eltern dann aber fragen, was das scheinbar Verkehrte mit der Realität des Kindes oder mit seiner Selbstorganisation zu tun haben könnte, kann es nicht ausbleiben, daß sie auch Entdeckungen machen, die eine in hohem Maß verunsichernde Wirkung haben. Wir gehen davon aus, daß alle Eltern für ihre Kinder viel Zeit und viel Kraft investieren, und daß die Betreuung der Kinder in unserer Gesellschaft einen hohen Stellenwert hat. Wenn wir nun im Zusammenhang mit den Kinderträumen alle diese wohlgemeinten Bemühungen gewissermaßen vom Blickpunkt der verkehrten Welt her betrachten, sozusagen mit offenen und neugierigen Kinderaugen, so sehen sie eben ein bißchen anders als im täglichen Leben aus. Manchmal ist es nämlich sehr wichtig, daß die Eltern den Sinn ihres Lebens nicht nur darin suchen, eine gute Mutter oder ein guter Vater zu sein, sondern daß sie auch für sich und für ihre Bedürfnisse schauen, ohne das Kind deswegen aus den Augen zu verlieren. Das Verstehen der Kinderträume kann den Eltern auch helfen, die richtige Balance zu gewinnen, um dem Kind immer das zu geben, was es braucht, ohne sich «aufzuopfern».

Vitalität und Überbehütung

Die meisten Eltern würden allerdings die Frage, ob sie ihr Kind möglicherweise übermäßig behüten und betreuen, mit einem entschiedenen Nein beantworten, meistens aber nicht ohne den Nachsatz, daß die Welt auch komplizierter und gefährlicher geworden sei. Man könne, zum Beispiel, das Kind heutzutage nicht mehr allein in den Wald oder ins Schwimmbad gehen lassen, es sei auch viel schwieriger für das Kind geworden, gute Freundinnen und Freunde zu gewinnen. Viele Mütter scheinen deswegen mit einem Taxiunternehmen zu wetteifern, sie führen ihre Kinder ins Judo, ins Ballett, zur Flötenstunde, und die neuen Hausmänner begleiten die Kinder womöglich noch auf den Spielplatz. Ob es förderlich ist, wenn sich die Eltern als Chauffeusen, Assistenten und Spielkameraden der Kinder betätigen, können wir nicht generell sagen; denn die Situation, in der ein Kind aufwächst, ist immer eine spezielle.

Wenn die Eltern aber versuchen, Kinderträume zu verstehen, sollten sie die Signale, die ihnen die kindliche Selbstorganisation möglicherweise geben kann, wirklich ernst nehmen: Auch in unserer komplizierten und gefährlich gewordenen Welt haben die Kinder ein Recht auf ein Eigenleben, in welchem sich ihr Autonomiestreben entfalten kann. Und im gleichen Maß, wie den Kindern ein Eigenleben eingeräumt wird, sollten sich auch die Eltern das Leben von vitalen Erwachsenen gönnen, die unter anderem auch Mütter und Väter sind, aber nicht Babysitter auf Lebenszeit. Die kindliche Selbstorganisation könnte nämlich die übermäßige Behütung und Betreuung auch als Kontrolle erleben und empfindlich reagieren, sei es mit Störungen der Vitalität, mit Verweigerungen oder Aggressionen, wie sie im 76. Traum deutlich zum Ausdruck kommen:

Musikclowns (76. Traum, 11 Jahre 10 Monate)

Theodorakis spielt mit vier Musikern, die aus einem weit entfernten Land kommen. Die Musik tönt aber schön, ob-

> wohl sich alle wie Clowns benehmen. Theodorakis sagt, ich soll doch auf der Harfe spielen. Die Harfe klingt aber wie von selber und sehr schön. Plötzlich kommen Polizisten, und sie fassen die Musiker und Theodorakis hart an. Ich falle den Polizisten in die Arme, beiße und kratze wie wild. Ich bin nicht einverstanden. Die Musiker haben niemandem etwas zuleide getan.

Wiederum wenden wir das Verfahren an, darauf zu achten, ob wir im Traum Personen finden, die auch in der Realität vorkommen, und finden nur zwei, nämlich Anjas gleichaltrigen Freund Theodorakis und die Träumerin selber. Was die anderen Personen, die aus einem weit entfernten Land kommen, und die Polizisten betrifft, können wir keinen eindeutigen Bezug zur Tagesrealität herstellen. Nur soviel können wir feststellen, daß die unbekannten Personen im Traum in der Überzahl sind: vier Musiker und mehrere Polizisten, es besteht also ein Übergewicht der Unbekannten.

Auf der Suche nach Verhältnissen, die man einer verkehrten Welt zuordnen könnte, wird man ebenfalls fündig: Es gibt im 76. Traum eine Harfe, die wie von selber und sehr schön spielt. Man kann sich natürlich vorstellen, daß wenige Berührungen mit den Fingerspitzen genügen, um eine Harfe zum Klingen zu bringen, aber die Traumerzählung verrät nicht, wer die Harfe spielt. Befremdlich und unbegreiflich wirkt der außerordentlich harte Einsatz der Polizisten: Die Musiker und Theodorakis stellen wirklich keine Bedrohung für die öffentliche Sicherheit und Ordnung dar, und es beschwert sich im Traum auch niemand über die zu laute Musik. Daß sich die Musiker wie Clowns betragen, scheint ebenfalls niemanden zu stören. Die Polizisten, die eigentlich die Leute vor Übergriffen schützen sollten, machen selber einen unmotivierten Übergriff. Sonderbarerweise wehren sich Theodorakis und die Musiker nicht, hingegen verwandelt sich Anja im Traum sozusagen in ein wildes Tier, sie fällt den Polizisten in die Arme, beißt und kratzt. Im täglichen

Leben jedoch hat Anja einige Mühe, sich zu wehren, und es ist meistens Theodorakis, der sich bei einer Auseinandersetzung wie ein großer Bruder vor das Mädchen stellt und es beschützt.

Das Übergewicht der unbekannten Personen könnte möglicherweise darauf zurückzuführen sein, daß in diesem Traum vorwiegend Vorgänge zum Ausdruck kommen, mit welchen sich Anja tagsüber selten auseinandersetzt: Die Musiker und die Harfe zeigen eine freie, sogar übermütige Entfaltung der Kreativität, und Anjas raubkatzenartiger Gegenangriff auf die Polizisten bringt eine enthemmte Aggression zum Ausdruck. Beide vitalen Eigenschaften, sowohl die Kreativität als auch die Aggression, entfalten in Anjas bewußtem Leben selten Wirksamkeit. Dieser Traum weist daher möglicherweise auf eine Blockierung der kindlichen Selbstorganisation hin, mit anderen Worten kann diese sich nicht zugunsten einer fortschreitenden Entwicklung entfalten. Wenn die vitale, lebensfrohe Kreativität auflebt, gibt es offenbar eine lebensfeindliche, übermächtige Kontrolle, welche die Kreativität blockiert, was auf Anja lebensbedrohlich wirken muß, sonst würde sie nicht wie eine in die Enge getriebene Raubkatze mit wilder, enthemmter Aggression auf die Kontrolle reagieren.

Zum Ernstnehmen der Kinderträume gehört auch, daß die Eltern alle Gefühle, die in einem Traum ausgelöst werden, wie reale Gefühle behandeln. Die Unterdrückung oder Blockierung der Vitalität, selbst wenn sie nur in den Träumen zum Ausdruck kommt, ist wirklich lebensbedrohlich, und ebenso sollten die Eltern nie die wilde, enthemmte Aggression im Traum verharmlosen und denken, das Kind habe «nur» davon geträumt, und es sei ja in der Realität ein nettes Mädchen oder ein anständiger Junge. Vielmehr geht es darum, diese Gefühle ernst zu nehmen. Die Eltern sollten sich auch fragen, gegen wen sich diese Aggression, die nicht nach außen dringen darf, möglicherweise richten könnte, aber ebensosehr nach Wegen suchen, damit die vitale, lebensfrohe Kreativität im täglichen Leben des Kindes einen Ausdruck finden kann.

In den Kinderträumen finden die Eltern Hilfen bei vielen Problemen und Störungen, die während der kindlichen Entwicklung auftreten können. Dem 76. Traum kann man zum Beispiel entnehmen, daß Theodorakis offenbar einen guten Einfluß auf die Entfaltung von Anjas Kreativität hat. Aus der Sicht der Mutter sieht der Umgang ihrer Tochter mit Theodorakis gerade umgekehrt aus: Frau Hofer befürchtet, daß der Knabe Anja ungünstig beeinflußt. Aus ihrer Sicht ist die Tochter unzugänglicher, frech und unordentlich geworden; es sei unmöglich herauszufinden, wo und wie die beiden Kinder den ganzen Nachmittag verbringen, oft würde Anja zu spät zum Nachtessen kommen, oder sie erfahre erst am Abend von Theodorakis' Vater, daß Anja wieder einmal «griechisch» essen wolle und daher erst kurz vor dem Einnachten nach Hause komme. Das möglicherweise freche Betragen, die Unordentlichkeit, die Verweigerung der Auskunft und des Gesprächs sind, in den Augen der Mutter, also eine Verschlechterung der Anpassung, und wir können hinzufügen, es sind auch aggressive Verhaltensweisen gegenüber einer Mutter, die sehr ängstlich und besorgt wird, wenn sie nicht genau weiß, wo ihre Tochter ist und was sie tut.

Wenn die Eltern feststellen, daß in den Kinderträumen wilde und enthemmte Aggressionen zum Ausdruck kommen, ohne zu wissen, gegen wen sich diese Gefühle richten, so tun sie gut daran, darauf zu achten, ob das Kind nicht nur in der Schule oder gegenüber anderen Kindern und Erwachsenen schüchtern, nett und anständig ist, sondern sich auch den Eltern gegenüber korrekt benimmt. Häufig ist es nämlich so, daß sich ein überangepaßtes, ängstliches Kind zu Hause Frechheiten erlaubt, die es sich außerhalb der Familie nie gestatten würde. Im Lauf der Zeit gewöhnen sich die Eltern an dieses Verhalten, weil sie meinen, das Kind müsse ja irgendwo Dampf ablassen. So konnte ich einmal in einer Bank einen siebzehnjährigen Jungen beobachten, der aus Langeweile seiner Mutter das Bankbüchlein ins Gesicht schlug. Er selber war offenbar zu schüchtern, um die Angelegenheiten seines Jugendkontos mit der Bankangestellten ins reine zu bringen, da mußte die Mutter einspringen; dagegen hatte er keine Hemmungen, sie in aller Öffentlichkeit mit dem Büchlein zu schlagen. Natürlich war es kein heftiger Schlag, aber ein Schlag ins Gesicht ist und bleibt ein aggressiver Akt, den sich die Mutter unter keinen Umständen hätte bieten lassen sollen. Die Mutter lächelte jedoch nur verlegen und bat den Sohn um etwas Geduld, sie würden bald an die Reihe kommen. Viel besser für die Mutter, aber auch für den Burschen wäre es gewesen, wenn sie, genau wie bei einem fremden jungen Mann, mit Entrüstung reagiert und sofort eine Entschuldigung verlangt hätte. Außerdem hätte sie ihm unmittelbar nach dem Schlag alle altersunüblichen Serviceleistungen definitiv kündigen müssen.

Möglicherweise haben die Eltern nicht nur die falsche Meinung, das Kind müsse gelegentlich Dampf ablassen, sondern sie haben auch Angst, die Beziehung zu ihrem Kind würde sich verschlechtern, wenn sie mit dem Ernst, aber auch mit dem Stolz des erwachsenen Menschen reagieren und sich gewisse Ungezogenheiten verbitten. Dann lassen sie dem Kind lieber etwas durchgehen, wie wenn sie seine Spielkameraden wären, die seine Liebe um keinen Preis verlieren wollen. In Wirklichkeit wird dadurch das Zusammenleben in der Familie für die Eltern, aber auch für die Kinder sehr schwierig, was wir hier am Beispiel Anjas illustrieren können: Frau Hofer vermischte nämlich zwei Angelegenheiten, die sie besser getrennt hätte. Sie war nach der Trennung von ihrem Mann nicht gern allein, daher war es ihr Wunsch, daß ihre Tochter möglichst oft zu Hause blieb. Nachdem die Tochter einen guten Ablösungsschritt vollzogen hatte und die freie Zeit mit Theodorakis verbrachte, hätte sie nicht mit Verärgerung und angstvoller Besorgnis reagieren dürfen, weil Anja ihr nicht sagte, wohin sie ging und wie lange sie ausblieb. Sie war ja nicht die eifersüchtige, schmollende Geliebte ihrer Tochter, sondern ihre Mutter. Sie darf aber von ihrem zwölfjährigen Kind verlangen, daß es sich an eine verbindliche Tagesstruktur hält. Sie soll die Tochter jedoch nicht mit einem überängstlichen Verhalten an sich binden, weil sie mit der Einsamkeit nach der Trennung nicht zurechtkommt.

Weil die Kontrolle nicht im realen Leben stattfindet, weil also Frau Hofer nicht mit dem Ernst einer erwachsenen Frau darüber wacht, daß sich Anja an die verbindliche Tagesstruktur hält, hat sich die Kontrolle ins Unbewußte verlagert: Die Selbstorganisation der Tochter registriert nur, daß ihr immer dann, wenn sie sehr vital mit Theodorakis zusammengelebt hat, ungute Gefühle der Mutter entgegenkommen. Diese Gefühle sind wie die Polizisten im 76. Traum, die keine Ordnung herstellen, sondern die Vitalität und Kreativität unterdrücken. Entsprechend heftig und aggressiv reagiert Anja in diesem Traum; denn die Unterdrückung der Vitalität wird von der Selbstorganisation als lebensbedrohlich erlebt.

Das Interesse der Eltern für Kinderträume ist sehr hilfreich; denn unter Umständen kann eine Unterdrückung der Vitalität auch dazu führen, daß sich die Aggressionen des Kindes gegen den eigenen Körper wenden: Vor allem Mädchen können, wie Anja, besorgniserregende Anzeichen von Magersucht entwickeln. Weniger gut untersucht ist die große Zunahme von kleineren, merkwürdigen Unfällen bei sportlichen Betätigungen oder auch bei alltäglichen Verrichtungen, von denen eher Knaben betroffen sind. Es handelt sich dabei um kleine Stürze, die jedoch unverhältnismäßig große Verletzungen zur Folge haben. Wir wollen hier nicht den Eindruck erwecken, daß die Ursache für all diese Verletzungen wie auch die Ursache für die Magersucht ausschließlich in der Unterdrückung der Vitalität zu suchen sind. Möglicherweise kommen jedoch in den Kinderträumen sehr früh Probleme zum Ausdruck, die mit Störungen des sinnlich-vitalen Bereichs in Zusammenhang stehen. Wenn die Kinder daher ab und zu einen Traum erzählen, sollten die Eltern in aller Behutsamkeit und Sorgfalt auf den Zustand achten, in welchem sich die kindliche Selbstorganisation gerade befindet.